AF391173

GUIDE PRATIQUE

ALIMENTATION VARIÉE

PARIS. — IMPRIMERIE R. CHAPELOT ET Cⁱᵉ, 2, RUE CHRISTINE.

GUIDE PRATIQUE

D'

ALIMENTATION VARIÉE

DANS

LES CORPS DE TROUPE

PAR

le Commandant THIÉBAUT

DU 51ᵉ RÉGIMENT D'INFANTERIE

AVEC UNE PRÉFACE

PAR

le Médecin principal de 1ʳᵉ classe VIRY

DIRECTEUR DU SERVICE DE SANTÉ DU 2ᵉ CORPS D'ARMÉE

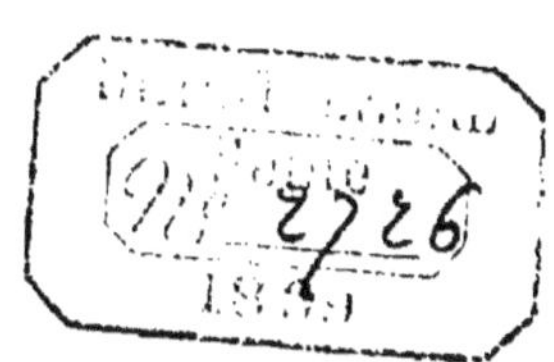

PARIS

LIBRAIRIE MILITAIRE R. CHAPELOT ET Cᵉ

IMPRIMEURS-ÉDITEURS

SUCCESSEURS DE L BAUDOIN

30, Rue et Passage Dauphine, 30

1899

PRÉFACE

L'alimentation dite *variée* du soldat a succédé, dans notre armée, à l'alimentation par la *soupe grasse bijournalière*. L'idée d'employer pour les hommes, au lieu d'un plat toujours le même, un certain nombre de préparations culinaires n'est pas nouvelle et les hygiénistes ont, depuis longtemps, recommandé cette dernière pratique, non seulement parce que les deux principaux composants de la soupe grasse : le bouilli et le bouillon, n'utilisent qu'une partie des substances alimentaires de la viande employée, mais encore parce que la physiologie expérimentale a démontré que la monotonie du régime entrave, jusqu'à l'annihiler, l'assimilation des principes nutritifs ingérés.

Le 5 mars 1850 (et nous ne voulons pas remonter plus haut). le Ministre de la guerre a approuvé une *Instruction du conseil de santé des armées* qui conseillait une certaine diversité dans le choix des aliments du soldat. C'est à dater de cette époque, que s'est généralisé l'emploi, plusieurs fois par semaine, à l'un des repas, du *rata :* ragoût de bœuf ou de mouton cuit avec des légumes. Les efforts individuels des médecins de nos régiments agissant sur l'esprit des officiers de troupe, écrivant sur cette question ou l'exposant dans des conférences, ont amené des tentatives successives d'alimentation variée et ont transformé un certain nombre de commandants de compagnie, d'escadron ou de batterie, en promoteurs zélés de la doctrine nouvelle. De son côté, le général Davout, duc d'Auerstædt, dans la 19ᵉ, puis dans la 4ᵉ division d'infanterie, faisait préparer des repas variés, et une circulaire ministérielle du 31 octobre 1879 (non insérée au *Journal militaire officiel*), indiqua des moyens pratiques d'assurer ce mode d'alimentation. Le décret du 28 décembre 1883, portant règlement sur le service intérieur des troupes, a ordonné formellement de varier l'alimentation. Les mémoires des médecins principaux Antony (1) et Schindler (2), pour ne citer que les plus importants des travaux sur la matière, vinrent donner une nouvelle impulsion aux tentatives partielles. Enfin, le 2 décembre 1885, puis le 29 juin 1886, des décisions ministérielles autorisèrent définitivement les repas variés qui furent prescrits par le décret et le règlement du 23 octobre 1887, sur la gestion des ordinaires et par le décret du 20 octobre 1892 portant règlement sur le service intérieur des corps de troupe (3).

Depuis ce moment, bien des essais ont été tentés pour perfectionner l'alimentation variée ; tous n'ont pas été également heureux. Tantôt la variété a été acquise au détriment de la quantité distribuée ; tantôt on a eu recours à des préparations culinaires trop difficiles à réaliser avec le matériel des cuisines des casernes ; certains ont trop présumé des ressources des ordinaires et ont été conduits à une gestion peu économique ; d'autres ont offert aux hommes des mets que le plus grand nombre de ces derniers n'ont pas trouvé de leur goût ; parfois on a échoué pour avoir voulu suivre de trop près la

---

(1) Antony, *Alimentation dans les corps de troupe* (*Archives de médecine et de pharmacie militaires*, 1884 ; t. IV, p. 349).

(2) Schindler, *L'Alimentation variée dans l'armée* (*Archives de médecine et de pharmacie militaires*, 1885 ; t. V, p. 365, 414, 462). — *L'Alimentation du soldat en campagne*. — Paris 1887.

(3) Ch. Viry, *Principes d'hygiène militaire*, p. 308. — Paris 1896.

lettre d
me
per
autre
côté des
insuccès, o
été plus heu
ces derniers, p
de placer M. le c
terie.

Partant des princi
cipal Schindler et les pr
améliorations successives,
matière dans le présent volu

C'est parce que nous avons
comme de ses derniers efforts, qu
nous a fait l'honneur de nous dema
face et nous ne saurions mieux le
sommairement l'évolution successive de

Il commandait une compagnie de son
Péronne, lorsqu'il fit ses premiers essais en
avec les seules ressources d'une petite garn
outillage que les ustensiles réglementaires, il ess
nombre de menus théoriquement nutritifs : il dut
ment en éliminer plusieurs comme trop chers ou ne f
pas un poids suffisant d'aliments ou bien d'une confect
compliqués, ou encore, peu goûtés de ses soldats, mais
imagina d'autres et, toujours expérimentant, il arriva, ap
plusieurs mois de persévérance, à combiner une série de repa
formés des aliments assimilables nécessaires, sous un volume
convenable et suffisamment économiques ; il établit la liste des
plats qui les composaient avec tableaux indiquant, par
100 hommes, la teneur en albuminoïdes, hydrocarbures et
graisse, ainsi que le prix de revient de chacun.

ant, par exemple, à toujours
glementaire de pain, sans se
s alimentaires ou quelque
e valeur alibile. Mais à
qui ont éprouvé des
nsidérable qui ont
es, et c'est parmi
qu'il convient
nent d'infan-

in prin-
r des
la

Plusieurs de ses camarades de régiment, témoins de ces tentatives, l'imitèrent, timidement d'abord, peut-être même avec une certaine défiance, puis bientôt avec conviction et entrain. Il était rentré, en 1896, à la portion principale de son régiment et le colonel de Lacroix, son chef de corps, actuellement général commandant la 10ᵉ brigade d'infanterie, ne tarda pas à rendre obligatoires pour toutes les compagnies les errements si heureusement suivis par le capitaine Thiébaut.

C'est alors qu'il greffa sur la question hygiénique, la question administrative dont bénéficia à son tour l'hygiène : il substitua au mode habituel de passation des marchés dans les corps, les marchés en gros, en traitant sur les lieux mêmes de production. On trouvera au cours de cet ouvrage les modèles des cahiers des charges employés et l'indication des résultats financiers obtenus, dont profite aujourd'hui l'hygiène par l'amélioration progressive de l'alimentation, les boni permettant d'augmenter le taux des rations ou de faire achat d'appareils culinaires perfectionnés.

Les heureux résultats obtenus attirèrent l'attention de M. le général Brugère, commandant à cette époque le 2ᵉ corps d'armée, et, par un ordre en date du 9 novembre 1897, il a invité « tous les chefs de corps à se renseigner auprès du colonel commandant le 51ᵉ régiment d'infanterie, sur l'organisation et le fonctionnement du magasin de la commission des ordinaires, sur les cahiers des charges établis dans ce régiment pour la fourniture de la viande et des autres denrées, le mode de publicité employé, etc..., et à mettre ces procédés en application dans les corps placés sous leurs ordres. » A cet effet, un résumé des travaux du commandant Thiébaut a été autographié et envoyé à tous les régiments du 2ᵉ corps d'armée qui en ont fait la demande.

Aujourd'hui, l'ouvrage paraît en librairie et nous lui souhaitons tout le succès qu'il mérite, espérant, qu'au delà du

parole et dirigera tous ceux qui
re de la troupe.

d, le système Thiébaut en
up d'attention et de soins,
tion sérieuse. Celles qui
e mode d'alimentation
efs suivants :

par
mais
ont été .
se résume

Le solda.   *fois par jour se*
portait aussi   *d'aujourd'hui.*

Sans entrer   au mode actuel
de recrutement, il   l'armée pour
se rendre compte   : la mor-
talité de notre armée   p. 1000,
de 1873 à 1881, de 9 p.   . 1000
et, en 1896 (dernière anne

Si vous accoutumez le s   en
temps de paix, il sera incapa   u
temps de guerre.

Fortifier les organismes en t
semble-t-il, le meilleur moyen d'avo.
et de privations, des hommes assez .
résister le mieux possible aux fatigues
quentes à la guerre. L'entraînement vers
ture n'est certes pas un sport à encourager.

Faut-il ajouter que, quoi qu'on en dise, l'alim.
pagne sera variée ou ne sera pas : la soupe et
de pommes de terre, dont nous ne nions pas l
l'agrément après une journée de marche ou
deviendra une exception dans les guerres futures
légumes feront défaut et où le temps manquera pour
parer. Apprendre au le soldat à manger autre chose que la
soupe c'est l'initier véritablement à la nourriture de guerre.

En habituant le paysan et l'ouvrier à une alimentation
quelque peu soignée, vous faites œuvre antisociale, car vous

créez chez lui des besoins qu'il ne pourra plus satisfaire, une fois qu'il aura rejoint ses foyers.

Que le futur chef de famille apprenne, au régiment, à utiliser judicieusement et économiquement, comme il l'aura vu faire, les ressources restreintes dont jouit l'ordinaire et il saura, sans grever le plus modeste budget, apporter à sa table des mets substantiels, suffisamment agréables à son goût pour le détourner des satisfactions gustatives du cabaret et de l'auberge, et nous ne pensons pas qu'on puisse rendre plus grand service à la société que de garer l'individu contre l'alcoolisme, compagnon habituel de l'alimentation mauvaise.

Pour faire des achats en gros, des magasins sont nécessaires et il n'en existe pas partout.

Cela est vrai, mais dans bien des garnisons on en peut créer et, là où ce sera impossible, on pratiquera l'alimentation variée sans les marchés en gros, tout comme le capitaine Thiébaut l'avait organisée à Péronne et comme elle est assurée dans un très grand nombre de nos quartiers.

Nous n'abuserons pas plus longtemps de l'hospitalité que nous donne l'auteur de ce livre, nous excusant d'avoir ajouté à un travail qui n'en avait nul besoin une préface qui, pendant quelques instants, aura détourné le lecteur (s'il a daigné nous suivre), de l'étude d'une œuvre écrite avec la plus consciencieuse conviction et dont les excellents conseils ont été appréciés déjà par tous ceux qui les ont mis en pratique.

Amiens, le 25 mai 1899.

D^r Ch. VIRY,

Médecin principal de 1re classe,
Directeur du service de santé du 2e corps d'armée.

CHAPITRE PREMIER

DE L'ALIMENTATION EN GÉNÉRAL

Importance de l'alimentation variée.

« La question de l'alimentation du soldat est une des plus importantes de l'hygiène militaire. Lorsque le soldat est très bien nourri, il se porte bien en général et fait régulièrement son service ; lorsque la nourriture est mauvaise ou insuffisante dans un corps de troupe, le nombre des malades s'accroît, le soldat fait mal son service et le nombre des punitions augmente (1). »

« Le mode actuel de recrutement de notre armée donne en ce moment à la question de l'alimentation en temps de paix une importance plus grande que celle que lui ont attribuée de tout temps les hygiénistes et les chefs militaires.

« En effet, le plus grand nombre des hommes appelés à servir dans l'armée active n'ont pas encore atteint leur complet développement, de telle sorte que l'alimentation doit être suffisante pour assurer, non seulement l'entretien des organismes, mais encore leur croissance ; l'alimentation est tenue, en outre, de fournir des matériaux de réparation proportionnés aux déchets causés par un travail d'autant plus intense que la période d'instruction est désormais plus courte ; enfin, il est nécessaire que l'alimentation procure au soldat les éléments de vigueur indispensables pour le mettre à même de résister aux influences morbides qui l'entourent. C'est de la façon dont ils seront nourris que résultera en grande partie, pour les jeunes gens valides du pays, la possibilité de traverser, sans déchéance organique, l'épreuve de passage sous les drapeaux et de rentrer dans leurs foyers, non pas affaiblis, mais fortifiés, au moment où ils seront à la veille de devenir des chefs de famille (2). »

---

(1) A. LAVERAN, *Traité d'hygiène militaire*. Paris 1896. p. 128.
(2) Ch. VIRY, *Principes d'hygiène militaire*. Paris 1896, p. 213

But de l'alimentation variée. — Le but de l'alimentation variée a été défini ainsi par le médecin principal Schindler :

« Distribuer aux hommes un ou plusieurs plats par repas ; former chaque plat d'une seule espèce d'aliment ou d'une combinaison simple d'une viande ou d'un légume ; varier la nature et la préparation de cet aliment à chaque repas ; appliquer, en un mot, à l'alimentation du soldat la méthode qu'on appelle vulgairement *Cuisine bourgeoise* (1). »

Cette question de l'alimentation variée a été traitée de main de maître par le docteur Schindler, dont le travail est malheureusement trop peu connu et n'a pas été complété par un barème, qui eût permis à tout capitaine d'entreprendre, sans hésitation et avec des bases certaines, l'alimentation variée dans sa compagnie.

Ce travail a pour but de remédier à cette lacune. C'est le résultat d'une expérience de dix-huit mois de gestion à Beauvais et à Péronne, région où la vie est fort chère, et où cependant on peut améliorer dans de larges proportions la nourriture des hommes.

Les tentatives d'alimentation variée ont été plus ou moins heureuses et, bien souvent, le moindre insuccès y a fait renoncer.

Et, cependant, de tout temps, le soldat a été partisan de l'alimentation variée. Avant la guerre, on citait les compagnies qui donnaient deux ratas par semaine, et quel rata !

Agglutiné de pommes de terre, haricots et macaroni !

Aujourd'hui, ce nouveau régime alimentaire est indispensable. Avec de la méthode et de la volonté on peut, comme nous allons le montrer, avec le même matériel Choumara de nos anciens, donner aux hommes la quantité et la variété.

Avant de poursuivre cette étude, il est indispensable de connaître la composition des divers aliments, leur rôle dans la nutrition et dans l'édification de notre corps. Car l'estomac de l'homme ne s'inquiète pas de l'apparence des mets, il ne s'occupe que de leur valeur réelle, il les dissèque, en extrait les parties utiles et rejette les autres.

Des aliments et de leur valeur nutritive.

Aliments. — On donne le nom d'aliments à toute substance qui, introduite dans l'économie par le tube digestif, sert à la nutrition.

---

(1) SCHINDLER, *L'Alimentation variée dans l'armée* (*Archives de médecine et de pharmacie militaires*, 1885, t. V, p. 367).

Composition des aliments. — Les aliments sont composés d'éléments primordiaux qui jouent dans la nutrition différents rôles. On peut les diviser en principes *organiques* (azotés et non azotés) et en principes *inorganiques* (substances minérales et eau).

Principes organiques. — Les PRINCIPES AZOTÉS ont, dans la nutrition et l'édification du corps, un rôle de construction et d'entretien ; ce sont des principes dits *plastiques*. Ils comprennent :

Des *substances albuminoïdes* qui se transforment en un liquide appelé peptone, destiné à être absorbé et à reconstituer les tissus et les muscles.

Des *substances gélatigènes*, qui ont peu de valeur comme aliments plastiques, mais beaucoup comme combustibles, comme dynamophores.

Quelques *alcaloïdes* de faible valeur dans l'alimentation.

Les PRINCIPES NON AZOTÉS sont destinés à produire la chaleur ; d'où leurs noms de principes *calorifiques, thermogènes*. Ils comprennent les graisses neutres et les hydrates de carbone.

Les *graisses neutres* (beurre, graisse, huile) constituent le plus riche combustible que l'organisme puisse recevoir. 1 gramme de graisse vaut 1^{gr},7 d'amidon, car la graisse pénètre directement et sans modification dans le sang, à l'état d'émulsion.

Les *hydrocarbonés* (amidon, sucre, gomme) ont une action analogue, mais beaucoup plus lente, car elle ne se produit qu'après la combinaison avec le *suc pancréatique*.

Principes inorganiques. — Les SUBSTANCES MINÉRALES contenues dans les aliments sont des sels de soude, de chaux et de potasse (chlorures, carbonates, phosphates et lactates), ainsi que du fer.

Le *sel* excite la sécrétion de la salive et du suc gastrique, stimule les fonctions de l'estomac et favorise la digestion. Il est nécessaire à l'organisme, à la dose de 12 grammes par jour.

Le *phosphate de chaux* sert à consolider les tissus.

Le *fer* donne au sang et aux muscles leur couleur rouge, joue un rôle important dans la production de la chaleur animale et facilite l'activité des échanges.

L'EAU (hydrogène et oxygène) est indispensable pour assurer les fonctions de la nutrition, la plupart des aliments ingérés devant être dissous par elle avant d'être absorbés. Elle imbibe les tissus, leur donne leur souplesse, leur élasticité, leur perméabilité. Par son évaporation plus ou moins rapide, elle est le régulateur de la chaleur animale.

Les principes alimentaires immédiats, pris isolément, ne peuvent servir à la nutrition et ne deviennent véritablement des aliments qu'à la condition de s'associer entre eux. Réunis en proportions convenables dans une même substance, ils forment un aliment complet ; si quelques-uns prédominent ou font défaut, on a un aliment complexe.

Aliments complets. — Ces aliments sont rares.

Deux substances seulement peuvent être ainsi considérées : le lait, les œufs. Parmi les préparations du lait, le fromage est un aliment riche et un albuminoïde de premier ordre ; aussi son emploi devrait-il être plus fréquent dans la nourriture militaire.

Aliments complexes. — Les aliments complexes sont très nombreux. On peut les diviser en deux groupes :

Les aliments solides,
Les aliments liquides.

Les aliments solides peuvent être divisés en aliments solides d'origine végétale et en aliments solides d'origine animale.

Aliments d'origine végétale. — Les légumes et les céréales constituent, avec les fruits, les principaux aliments de ce groupe.

On peut diviser les légumes en légumes frais et en légumes secs :

1° *Légumes frais.* Les légumes frais comprennent les légumes farineux (pommes de terre, riz, haricots secs, lentilles, pois, haricots frais écossés) et les légumes herbacés (laitue, chicorée, épinards, asperges, choux, artichauts, céleri, oseille, haricots verts, carotte, etc...).

Les légumes farineux, pauvres en azote mais riches en amidon, tout en n'étant pas très nutritifs, s'associent très avantageusement à la viande et permettent une très grande variété de préparations.

Les légumes herbacés sont certainement moins nutritifs que les féculents, mais leur usage est utile au bon fonctionnement de l'intestin et agréable.

2° Les *légumes secs* sont beaucoup plus riches en azote que les légumes frais.

Les fruits sont, en général, peu nourrissants et tiennent peu de place dans l'alimentation du soldat.

Aliments d'origine animale. — Les aliments solides d'origine animale sont constitués par la chair des mammifères, oiseaux, poissons et crustacés.

La viande la plus digestive est le mouton, puis le bœuf et le porc.

Le gibier et les oiseaux sont, en général, plus riches en albuminoïdes que la viande du bœuf.

On admet généralement que les viandes de bœuf, veau et mouton ont un déchet d'os de 20 p. 100 de leur poids, la viande du lapin et celle du porc frais et gras 10 p. 100, et le poisson 5 p. 100.

Quant aux poissons, soit à l'état frais, soit à l'état salé, une analyse fort complète de M. le professeur Almen (d'Upsal) a démontré que leur chair se rapproche beaucoup, comme valeur nutritive, de celle du bœuf.

Régime alimentaire. — L'alimentation a pour but de suffire à la nutrition et de réparer les pertes incessantes de l'économie.

Les pertes incessantes de l'économie sont d'environ 20 grammes d'azote et 310 grammes de carbone, dont 250 par la respiration. Il faut donc que les aliments azotés et carbonés fournissent cette quantité d'azote et de carbone. On peut les trouver exclusivement dans le régime végétal ou bien exclusivement dans le régime animal. Mais ces régimes présentent de sérieux inconvénients. Pour atteindre le chiffre d'azote dont il a besoin, il faudra à l'homme soumis à un régime herbacé absorber une grande quantité d'aliments et, pour cela même, imposer au tube digestif un travail inutile ; tandis que, par un régime exclusivement azoté, le même individu, pour trouver la quantité de carbone qui doit entretenir sa respiration et sa circulation, devra prendre une quantité anormale de viande, qui sera aussi, pour la digestion stomacale en particulier, un objet de fatigue très grande.

L'habitude et le climat jouent un rôle prépondérant dans le régime, et, selon que l'homme doit lutter contre des grands froids ou bien contre des chaleurs très élevées, le régime alimentaire devra être très modifié. Les peuples du Nord sont forcés de prendre beaucoup d'aliments azotés et beaucoup de graisse. Les peuples du Midi, au contraire, suffisent à leur nutrition par une alimentation des plus minimes. Pour nos climats tempérés, il faut un régime mixte.

D'autre part, la dentition de l'homme, son appareil digestif indiquent bien que c'est un omnivore, capable de digérer des aliments d'une nature comme d'une autre.

« Les animaux, dit Brillat-Savarin, sont bornés dans leurs goûts, les uns ne vivent que de végétaux, d'autres ne mangent que de la chair, d'autres se nourrissent exclusivement de grains, aucun d'eux ne connaît les saveurs composées. L'homme, au contraire, est *omnivore*, tout ce qui est mangeable est soumis à son vaste appétit. »

L'alimentation peut être suffisante, insuffisante ou exagérée ; cela dépend de deux circonstances : de la quantité de la masse alimentaire et de la qualité nutritive des aliments, car, comme l'a dit Bouchardat :

« Ce n'est pas ce qu'on mange qui donne des forces, c'est ce qu'on utilise ».

Quantité de la masse alimentaire. — On estime généralement la valeur d'une ration alimentaire d'après sa teneur en azote et en carbone, ou, avec plus de justesse, selon la quantité d'albuminoïdes *assimilables*, et d'hydrocarbonés qu'elle renferme.

La ration du soldat doit être suffisante et, cependant, ne pas dépasser le taux reconnu nécessaire.

Toutes les recherches des physiologistes ont abouti à une même conclusion : c'est que l'homme qui peine et fatigue est friand de corps gras. Il s'ensuit logiquement que, pour améliorer la ration du soldat, il faudra viser, pour le moins, autant à augmenter le taux de la graisse que celui de la viande. Quant au taux de la ration normale, qui doit servir de base à l'alimentation du soldat (albuminoïdes, graisses, hydrocarbonés), il existe de grandes divergences.

Suivant von Voït, cette ration pour un homme adulte, travaillant avec mesure, devrait être de :

Albuminoïdes. . . . . 118 grammes.
Graisses. . . . . 56 —
Hydrocarbonés. . . . . 500 —

Beaunis indique :

Albuminoïdes. . . . . 120 grammes.
Graisses. . . . . 90 —
Hydrocarbonés. . . . . 330 — (1)

Schindler a montré, par l'expérience et la pratique de l'ordinaire, qu'on peut établir une alimentation variée et suffisante pour réparer les pertes subies par l'organisme d'un homme travaillant dix heures

______

(1) On admet généralement que 1 gramme d'azote correspond à 6 gr. 5 d'albumine ; 44 gr. 44 de carbone représentent 100 grammes d'amidon : 1 gramme de graisse (substance hydrocarbonée) est équivalent à 1 gr. 7 d'amidon.

par jour, lorsqu'on combine les aliments de manière à ce qu'ils fournissent approximativement un rendement de :

Albuminoïdes. . . . . 140 grammes.
Graisses. 55   —
Hydrocarbonés. 500   —

Ce sont ces chiffres qui ont été adoptés dans l'établissement de ce travail.

Qualité nutritive des aliments. — Il faut que, par l'heureux choix des substances alimentaires, les mets soient rendus les plus appétissants possible. Tous les maîtres dans l'art de bien manger, Brillat-Savarin à leur tête, ont insisté sur cette influence multiple de la vue, du goût et de l'odorat sur la digestion.

Le goût, la vue, l'odorat ont une grande importance pour favoriser la digestion des aliments, et quand on dit vulgairement que l'eau vient à la bouche des personnes qui sentent, goûtent et voient un aliment qui leur plaît, on explique, sous une forme vulgaire, un fait physiologique exact.

Il ne suffit pas d'introduire des substances dans l'estomac pour que celles-ci deviennent des aliments pouvant servir à la nutrition. Il est nécessaire que les substances ingérées présentent des qualités nutritives ; il ne faut pas croire que, parce qu'on a rempli son estomac de corps étrangers et qu'on a, comme on dit, trompé sa faim, on a pour cela suffi à sa nutrition. Or, c'est ce qui arrive malheureusement très souvent dans l'alimentation militaire, où l'on voit rechercher plutôt dans la quantité que dans la qualité la base de l'alimentation.

Schindler a fait à ce sujet l'expérience suivante :

Il a pesé les résidus (moins les os) de l'ordinaire qu'il gérait à la 10e compagnie d'ouvriers d'artillerie et ceux d'un bataillon de chasseurs. Les résidus n'atteignaient que 50 grammes par homme, grâce à l'alimentation variée de la 10e compagnie, tandis qu'aux chasseurs cette moyenne s'élevait à 210 grammes.

Et cependant, durant les quatre jours qui avaient servi à cette expérience, le rata avait été distribué deux fois à toutes les compagnies, trois fois à deux compagnies, et une ration de viande de conserve avait été donnée à tout le bataillon.

Heure et régularité des repas. — Il ne suffit pas de donner aux hommes la quantité et la qualité des aliments, il faut, pour que la digestion s'effectue convenablement, que les aliments soient bien lentement mastiqués. La régularité des repas, leur durée suffisante, leur espacement bien ménagé, sont d'excellentes conditions de santé. On demande ainsi à l'estomac un travail toujours pareil, jamais excessif.

Depuis qu'on a laissé aux commandants de compagnie le soin de fixer l'heure du rassemblement quotidien, on voit cette heure fixée quelquefois une demi-heure après la sonnerie de la soupe, plus souvent quarante-cinq minutes et bien rarement une heure après. Les corvées qui vont chercher les aliments à la cuisine après la sonnerie de la soupe ne reviennent dans les chambres qu'un quart d'heure après la sonnerie : rassemblement de ces corvées, distribution successive aux compagnies, temps pour monter au 2e ou 3e étage.

Il s'ensuit que quelques hommes n'ont qu'un quart d'heure, d'autres une demi-heure et les plus heureux trois quarts d'heure pour manger deux ou trois plats et préparer les effets qu'ils doivent présenter à l'appel quotidien. Le repas, qui devrait être un délassement, devient une corvée : les hommes mangent sans goût, à la hâte, ne prennent pas le temps pour mastiquer les aliments et fatiguent leur estomac pour la digestion. La majeure partie des aliments est gâchée et aboutit au baquet d'eaux grasses.

Dans toutes les administrations, manufactures, usines, où les hommes fatiguent moins que dans l'infanterie, il leur est laissé une heure au moins consacrée exclusivement au délassement et au repas.

Il serait à désirer qu'une heure de repas soit considérée comme sacrée dans tous les régiments, que tout service ou corvée fût suspendu, que les hommes fussent laissés entièrement libres et que la lecture de la décision fût fixée après 11 heures ou avant le repas.

Le soir, les caporaux de planton à la cuisine et les cuisiniers ont hâte d'aller se promener et pressent les hommes pour rapporter les plats à la cuisine. Le repas du soir est ainsi lui-même écourté ; il serait facile de remédier à cet état de choses en défendant de rapporter les plats et vaisselle à la cuisine avant 6 heures et d'accorder, comme compensation, la permission permanente de 10 heures aux cuisiniers.

CHAPITRE II

SYSTÈME D'ALIMENTATION VARIÉE

Base du système d'alimentation variée. — Le principe du système d'alimentation variée est de dépenser intégralement, tant pour l'alimentation que pour les ingrédients de propreté, le versement des hommes vivant effectivement à l'ordinaire.

Le boni se constitue par les recettes additionnelles, les abandons volontaires et les permissionnaires.

Les recettes additionnelles sont de peu d'importance : prison, eaux grasses, etc..., à l'exception toutefois d'une fois par an : de la moitié de la valeur des moins-perçus en vivres-pain.

Les abandons volontaires sont une recette plus sensible; un seul homme, et généralement il y en a plus d'un par compagnie au régiment, rapporte par mois

$$30 \times 0.625 = 18 \text{ fr. } 75.$$

Les permissionnaires donnent une recette des plus sérieuses. On peut compter, principalement à Beauvais, chaque dimanche, sur une moyenne de vingt permissionnaires de vingt-quatre heures et vingt au minimum de la journée par compagnie.

Chaque permissionnaire de vingt-quatre heures économise pour l'ordinaire une demi-journée le samedi soir, soit 0 fr. 3125, et l'indemnité de viande du dimanche 0 fr. 395 ; total : 0 fr. 7075.

Chaque permissionnaire de la journée économise la journée entière d'ordinaire, soit 0 fr. 625.

Les recettes mensuelles provenant des permissionnaires sont donc de :

$$\left.\begin{array}{l} 4 \times 20 \times 0{,}7075 = 56{,}60 \\ 4 \times 20 \times 0{,}625 \ \ = 50 \end{array}\right\} 106 \text{ fr. } 60$$

A Péronne, le nombre des permissionnaires est moins considérable, mais le jardin potager du détachement permet de faire de grandes économies sur l'achat des légumes pendant six mois environ.

On voit donc que, par suite de ces recettes, le boni peut monter régulièrement de plus d'une centaine de francs par mois, sans faire subir la moindre privation aux hommes, et qu'au moyen de ces recettes mensuelles trop considérables, on peut facilement parer aux dépenses imprévues et même dépenser plus qu'il n'est prévu dans ce travail à l'alimentation proprement dite.

Emploi du boni. — Les fonds d'économie, dit le règlement, servent à améliorer l'ordinaire. Rien ne peut limiter l'initiative du capitaine à ce sujet que l'obligation morale de les former judicieusement et de les dépenser au mieux des intérêts de la compagnie.

En principe, le boni n'a pas à intervenir dans le règlement des dépenses qualifiées de « Dépenses normales ». Nous avons réservé, en effet, une somme de 6 fr. 14 par 100 hommes et par jour, qui a spécialement pour objet de régler les dépenses prévues par les paragraphes 4, 5, 7, 8, 9, 11, 12 et 14 de l'article 390 du règlement sur le service intérieur. Cette somme est suffisante.

Au contraire, les dépenses dénommées « Dépenses accidentelles » doivent être réglées au moyen du boni. Il y a lieu de remarquer que l'organisation d'un système de repas variés entraîne l'achat d'un matériel assez complexe qu'il y a tout avantage à acheter, tant pour des économies ultérieures de denrées que pour la meilleure confection des plats. Ce matériel doit être de très bonne qualité, solide et acheté après autorisation du chef de corps.

La part proportionnelle du prix d'achat des registres tenus par la commission des ordinaires, le prix du livret d'ordinaire sont réglés par le boni, ainsi que les menues dépenses faites à l'occasion de la Fête Nationale et des anniversaires célébrés par le corps. On peut y ajouter aussi les dépenses supplémentaires qui résultent des repas du Vendredi Saint.

Mais l'utilité principale du boni est de permettre d'augmenter les quantités des rations les jours de réelle fatigue, en partant de ce principe que toute déperdition de force réclame un supplément réparateur au point de vue de l'alimentation.

Le plus souvent, ce supplément consiste en l'allocation aux hommes d'un quart de vin. Il faut bien le dire, c'est là le plus mauvais usage que l'on puisse faire du boni, comme nous le verrons plus loin.

Ce quart de vin pour 100 hommes revient à 12 fr. 50 ou 15 francs et est loin d'être aussi profitable que l'emploi des moyens suivants, qui sont de beaucoup préférables : 1° allouer un supplément de viande de 50 grammes, ce qui porterait la ration à 375 grammes, et y ajouter un supplément de 50 grammes de fromage de gruyère ; 2° un litre et demi de vin par escouade pour faire de l'abondance avec un demi-bondon (à 0 fr. 12 par pièce) ; 3° donner une salade et un morceau de fromage ou des confitures.

Lorsque les ordinaires d'une compagnie ont été bien gérés, il est possible de donner les allocations ci-dessus pour la période des marches d'épreuve, pour celle du séjour sous la tente au camp de Sissonne et pour chaque journée de route pour aller au camp, aux manœuvres d'automne et de garnison, soit même pour toute marche qui comporte une étape supérieure à 30 kilomètres avec grand'-halte.

Il est également une période nécessitant une augmentation de dépenses pour l'ordinaire, c'est celle qui suit l'arrivée de la classe, où les jeunes soldats paraissent atteints de boulimie ; mais là, il s'agit plutôt de remplir l'estomac, et le résultat est obtenu par une augmentation de 50 grammes dans la ration de pain de soupe, de 200 grammes dans celle des légumes, de 10 grammes dans celle du saindoux, soit une augmentation de 4 francs... pour 100 hommes et par jour pendant une période de quatre semaines environ.

Enfin, la période des fortes chaleurs : juin, juillet, août, nécessite la confection d'une boisson hygiénique dont la dépense est couverte en grande partie par l'allocation de l'indemnité représentative de la ration hygiénique d'eau-de-vie.

Gestion et comptabilité. — Une question se pose :

Peut-on bien nourrir les hommes avec 0 fr. 625 par jour tout en assurant les dépenses suivantes :

Café et sucre remboursables, éclairage des chambres, objets nécessaires à l'entretien des chambres, des armes et des objets de toute nature nécessités par les soins corporels et le blanchissage, payement au cuisinier de son prêt franc ?

En réservant une somme de 0 fr. 0614 par homme et par jour, toutes ces dépenses peuvent être acquittées, se décomposant ainsi pour 100 hommes vivant à l'ordinaire :

Sucre.	0ᶠ 45
Café.	1,57
Dépenses étrangères à l'alimentation.	1,50
Objets de propreté.	1,00
Blanchissage.	1,00
Cuisinier.	0,62
	6ᶠ 14

Versement journalier de 100 hommes : 23 + 39 fr. 05. = 62 fr. 50
Reste disponible pour l'alimentation. . . . . = 56 fr. 36

Il reste donc par jour 56 fr. 36 pour l'alimentation proprement dite de 100 hommes, effectif qui a servi de base à ce travail.

Avec cette somme, on peut donner à chaque repas : 1 soupe, 1 plat de viande et 1 plat de légumes (ces deux derniers quelquefois mélangés en ragoût) et même, de temps en temps, ajouter un morceau de fromage ou une salade.

Le barème annexé à ce travail (tableau IV), dont l'exactitude doit être rigoureuse pour la sûreté de la méthode établi pour 100 hommes, donne les quantités de denrées nécessaires pour la préparation, le prix de revient et la composition chimique de chaque plat. Avec ces données, il est facile d'établir le menu.

Composition de la ration du soldat. — La ration alimentaire du soldat se compose de deux parties distinctes :

La première, fixe et invariable, est fournie par l'État, en nature ou au moyen d'une indemnité représentative, et qui comprend :

300 grammes de viande.
750 grammes de pain de munition ou 620 grammes de pain et 100 grammes de biscuit, ou 550 grammes de biscuit et 1/4 ration de sucre et café.

La deuxième partie, variable suivant les localités, les corps de troupe et les ressources de l'ordinaire, se compose de pain de soupe, des légumes frais et secs, des corps gras, des condiments : sel, poivre, etc...

Cette deuxième partie est achetée au moyen des versements faits à l'ordinaire.

D'après Schindler, la partie fixe, décomptée au taux du tableau de Meinert (voir plus loin tableau I), représente :

	Albuminoïdes.	Graisses.	Hydrocarbonés.
Bœuf maigre désossé, 240 grammes...	52,56	2,16	
Pain, 750 grammes..............	51 »	5,25	392,25
Total.....	103,06	7,41	392.25

La portion variable devra donc fournir comme appoint :

Albuminoïdes. 36,44
Graisses. 47,59
Hydrocarbonés. 107,75

Ce tableau fait ressortir le défaut capital de la ration du soldat, c'est-à-dire l'insuffisance extrême du taux de la graisse.

Le pain de soupe (1) et les légumes, achetés avec les fonds de l'ordinaire, combleraient facilement les déficits en albuminoïdes et en hydrocarbonés.

	Albu- minoïdes.	Graisses.	Hydro- carbonés.
50 grammes de pain de soupe, renfermant...	3,40	0,35	26,15
500 grammes de pommes de terre, renfermant.	6,64	0,66	69,72
110 grammes de haricots secs, renfermant....	26,62	1,98	61,38
Total.....	36,66	2,99	157,25

au prix moyen du kilogramme de pain, 0 fr. 26; du kilogramme de pommes de terre 0 fr. 065; haricots secs, 0 fr. 26; ce complément de nourriture coûterait au total 0 fr. 073.

En défalquant cette somme de 0 fr. 23 fournie par le versement individuel, il reste un capital disponible de 0 fr. 157. dont il faut retrancher 0 fr. 0614 pour subvenir aux dépenses accessoires qui incombent à l'ordinaire. Il ne reste donc en fin de compte qu'une disponibilité s'élevant à la somme de 0 fr. 0956, pouvant être utilisée pour l'achat de 44 grammes de graisse, qui font défaut.

Cette quantité de graisse serait contenue dans :

Fromage dit Rollot...........	175 grammes. coûtant	0f28
Porc frais gras.	105 —	— 0,189
Lard salé d'Amérique........	60 —	— 0.108
Saindoux d'Amérique.	50 —	— 0,0675

Schindler ajoute que la solution la plus avantageuse est l'achat du saindoux, dont l'emploi judicieux est un des secrets de l'alimentation variée.

Établissement du menu. — Les menus sont établis pour une période de quinze jours, le menu de la première quinzaine pouvant également servir pour la deuxième. On établit le tableau ci-joint, que l'on fait d'abord au crayon et par prêt.

Pour tenir compte des distributions de viande de conserve ou lard, on commence par porter ces denrées aux jours où elles

---

(1) Le taux de 100 grammes par soupe fixé par l'article 90 du règlement sur le service intérieur est beaucoup trop considérable. Comme nous le voyons. cette ration peut être réduite à 50 grammes. Dans une étude récente, parue dans la *Revue d'hygiène et de police sanitaire* (mars 1899) sur la *valeur thermique de la ration alimentaire du soldat en garnison*, le médecin-major Ricoux arrive à la même conclusion : diminution légère de l'allocation réglementaire de pain.

doivent être consommées, en ayant soin de les faire manger en deux jours différents du même prêt, de manière à éviter la satiété chez les hommes. Puis on remplit les diverses colonnes à raison d'une soupe, d'un plat de viande ou substitution analogue, et d'un plat de légumes, en tenant compte de la saison, des ressources du pays, et on additionne d'abord le prix. Si le chiffre obtenu dépasse ou non les allocations, c'est-à-dire : $5 \times 57.36 = 281$ fr. 20, on modifie le menu en prenant des plats moins chers ou plus chers. Ce premier point établi pour chacun des prêts, on remplit les colonnes de la valeur alimentaire des différents plats, que l'on additionne aussi.

Si le total n'atteint pas le chiffre de :

	Albuminoïdes.	Graisses.	Hydrocarbonés.
Ration complète....	$100 \times 5 \times 140 = 70,000$	$100 \times 5 \times 55,00 = 27,500$	$100 \times 5 \times 500,00 = 250,000$
Moins la valeur nutritive de la ration de pain.............	$100 \times 5 \times 51 = 25,500$	$100 \times 5 \times 5,25 = 2.625$	$100 \times 5 \times 392,25 = 196,125$
Ration à assurer pour les repas variés...	$100 \times 5 \times 89 = 44,500$	$100 \times 5 \times 49,75 = 24,875$	$100 \times 5 \times 107,75 = 53,875$

On se reporte au tableau IV, annexé à ce travail, et l'on recherche parmi les plats de même prix ceux qui possèdent une plus grande richesse en albuminoïdes, graisse, hydrocarbonés. Il ne reste plus qu'à mettre en concordance dans chaque prêt le menu avec le tableau de service de la compagnie, c'est-à-dire faire consommer les plats renfermant le plus d'albuminoïdes et de graisse les jours de grande fatigue : marche militaire, service en campagne, etc...

Ce travail, qui paraît compliqué, est très simple et demande un peu d'habitude, à peine deux heures de travail, soit au lieutenant chargé de l'ordinaire, soit au caporal d'ordinaire.

Ce menu peu servir indéfiniment en modifiant quelques plats.

MENU

DE

LA PREMIÈRE QUINZAINE DE JUIN

Menu de la 1re quinzaine de juin (1).

	PRIX de REVIENT.	ALBUMINOIDES.	GRAISSES.	HYDRO-CARBONES.
	fr. c.			
Matin. Soupe haricots	2 807	4067	539	4289
1er Conserve miroton	22 95	2941	2111	74
Haricots	4 35	2940	956	6844
Soir. Soupe oignons	2 467	350	486	2689
Bifteck	22 117	2277	2900	»
Pommes frites	5 40	804	1880	8400
Matin. Soupe purée de pois	3 35	4016	360	4358
2 Boudin	15 00	1180	1140	»
Purée de pois	5 56	2261	1151	5884
Soir. Soupe a l'oseille	2 60	350	486	2689
Conserve boulettes	20 442	3079	3588	74
Pommes ragoût	3 50	810	531	8474
Matin. Soupe purée de pois	3 35	1016	360	4358
3 Saucisses	16 67	936	3168	»
Pommes frites	5 40	804	1880	8400
Soir. Soupe légumes	3 082	604	515	4485
Lapin	24 76	3180	1604	74
Haricots	4 35	2940	956	6844
Matin. Soupe, poireaux et pommes	2 492	401	494	3245
4 Porc sauce piquante	19 57	1989	671	74
Purée de pommes	4 29	811	981	8474
Soir. Soupe haricots	2 807	4067	539	4289
Bifteck	22 117	2277	2900	»
Haricots	4 35	2940	956	6844
Matin. Soupe légumes	3 082	604	515	4485
5 Boeuf mode	23 64	2484	2231	1544
Fromage	3 00	832,5	625	»
Soir. Soupe poireaux et pommes	2 492	401	494	3245
Morue maître d'hôtel	4 35	8704	1021	9524
Pommes en robe	2 60	800	80	8400
Totaux	273 085	51842,5	31812	118020

Recettes par jour et pour 100 hommes...................... 56 fr. 36

Recettes pour les 5 jours du prêt........................ 281 fr. 80

Ration à assurer pour 5 jours et pour 100 hommes, en ne tenant pas compte de la ration journalière de pain :

Albuminoïdes.......................... 14,300
Graisse............................... 25,875
Hydrocarbones........................ 53,875

6
Matin. { Soupe purée de pois. / Saucisses, / Purée de pois.
Soir. { Soupe légumes. / Boeuf rôti. / Riz au gras.

7
Matin. { Soupe grasse au pain. / Boeuf cornichons. / Pommes ragoût.
Soir. { Soupe haricots, / Lapin. / Haricots,

8
Matin. { Soupe purée de pois. / Boudin. / Purée de pois,
Soir. { Soupe poireaux, / Bifteck. / Pommes frites.

9
Matin. { Soupe pommes de terre. / Conserve boulettes. / Salade. / Fromage.
Soir. { Soupe haricots. / Haricots de mouton,

10
Matin. { Soupe pommes de terre. / Conserve miroton. / Pommes ragoût.
Soir. { Soupe julienne. / Boeuf mode, / Fromage.

11
Matin. { Soupe pommes de terre, / Saucisses, / Pommes et carottes.
Soir. { Soupe haricots, / Boeuf rôti. / Haricots,

12
Matin. { Potage purée de pois. / Boeuf rôti, / Purée de pois,
Soir. { Soupe pommes de terre, / Porc sauce piquante, / Pommes purée.

13
Matin. { Soupe oignons. / Conserve boulettes. / Salade. / Fromage.
Soir. { Soupe a l'oseille. / Lapin. / Pommes ragoût.

14
Matin. { Soupe haricots. / Conserve miroton. / Haricots,
Soir. { Soupe oignons. / Boeuf rôti. / Pommes frites.

15
Matin. { Soupe pommes de terre. / Boudin. / Pommes purée.
Soir. { Soupe grasse. / Boeuf cornichons, / Haricots,

(1) Les chiffres n'ont été donnés en détail que pour la première période de cinq jours. Voici, pour les deux autres périodes, les totaux obtenus :

PRIX de REVIENT.	ALBUMINOIDES.	GRAISSES.	HYDRO-CARBONES.
287 fr. 925	44542.0	31625	98687
283 fr. 00	45121,5	34171	110201

Il n'est pas absolument nécessaire, pour juger la valeur d'un système d'alimentation, de savoir très exactement combien la ration journalière contient d'albuminoïdes, de graisse et d'hydrates de carbone. Ce procédé permet uniquement d'affirmer que, théoriquement, elle est ou non suffisante. Il importe davantage de connaître la nature des aliments consommés et sous quelles formes de préparation ces aliments ont été consommés (Schlinder).

En effet, si nous prenons la valeur moyenne alimentaire des soupes, des plats de viande et des plats de légumes du barème IV, nous obtenons comme valeur alimentaire pour dix repas :

	Albuminoïdes.	Graisses.	Hydrocarbonés.
Soupes........................	5990	4880	33290
Plats de viande..............	27970	18320	11640
Légumes	24520	10180	61880
Totaux pour dix repas....	58480	33380	106810

Chiffres bien supérieurs aux quantités fixées pour la ration à assurer pour les repas variés pendant une période de cinq jours :

$$44500 \qquad 24875 \qquad 53875$$

Il résulte de ce fait que l'on peut simplifier l'établissement du menu en ne tenant compte que du prix des plats, de la dépense journalière ou par prêt, et que l'alimentation dépend essentiellement de la bonne gestion des crédits de l'ordinaire, comme nous le verrons au chapitre III.

Établissement des bons. — Une fois en possession de ce menu, le caporal d'ordinaire établit facilement le bon de denrées de la manière suivante :

Supposons que le menu de la journée soit :

Matin : Soupe aux poireaux et pommes de terre. — Rôti de porc. — Haricots au lard.

Soir : Soupe grasse au pain. — Bœuf sauce piquante. — Pommes ragoût.

Il établit un tableau avec le nombre de colonnes nécessaires pour porter dans l'en-tête les diverses denrées à acheter pour la journée. La colonne n° 1 est réservée à l'énumération des plats composant les deux repas.

Au moyen du barème (tableau), il porte en regard de chaque plat les quantités de denrées à assurer pour cent hommes. Il totalise ensuite chaque colonne. Ce total représente les quantités à toucher pour une journée et pour cent hommes. Par un simple calcul de proportion, le caporal d'ordinaire détermine les quantités totales nécessaires pour l'effectif présent des hommes vivant à l'ordinaire; il décompte ensuite au bas de chaque colonne le prix de revient par nature de denrées et établit ainsi le prix total de la journée d'ordinaire.

Ces tableaux journaliers peuvent utilement être réunis en un cachier; l'effectif de chaque compagnie variant peu dans le courant d'une année le détail de chaque tableau a l'avantage de pouvoir servir plusieurs fois.

Au verso de ces tableaux, le caporal d'ordinaire inscrit ses observations, tant au point de vue de la qualité des denrées, qu'à celui de la préparation des différents plats. — Il peut observer journellement l'accueil fait au menu dans les escouades et susciter, au besoin, les observations des hommes. Il peut recueillir ainsi des renseignements précieux sur l'amélioration constante à introduire dans l'ordinaire de la compagnie.

La réunion de ces observations permet de modifier les menus de façon qu'ils soient accueillis le plus favorablement possible par les hommes et de donner aux cuisiniers les instructions nécessaires pour que la cuisine soit faite dans les meilleures conditions.

Lorsque le tableau journalier, dont il vient d'être parlé, a été totalisé, le bon des denrées d'ordinaire s'établit facilement. Le caporal d'ordinaire doit avoir bien soin d'en retrancher les quantités de vivres remboursables touchées dans le courant du prêt pour éviter double achat de ces denrées.

La totalisation journalière des achats permet de vérifier rapidement les dépenses figurant au cahier d'ordinaire. Le capitaine possède ainsi un moyen de contrôle rapide et sérieux.

A première vue, un tel système d'écritures tenues par le caporal d'ordinaire, semble aride et compliqué.

Mis en expérimentation au 51e régiment d'infanterie depuis longtemps et depuis dans d'autres régiments, il a donné des résultats au-dessus de toute attente.

Rompus au bout de peu de temps aux soi-disantes difficultés du barème et à la manière d'établir les menus, les caporaux de ces régiments ont acquis, en alimentation, une réelle habileté et ce qui, au début, leur paraissait inabordable, est devenu ensuite pour eux un jeu familier.

Effectif vivant à l'ordinaire : 120 hommes. — 10 janvier.

PLATS.	PAIN de soupe.	PORC FRAIS.	BŒUF.	SAINDOUX.	POMMES de terre.	CHOUX.	CAROTTES.	POIREAUX.	LARD.	FARINE.	SEL.	AIL, THYM, LAURIER.	VINAIGRE.	HARICOTS.	POIVRE.
Soupe poireaux et pommes............	5	»	»	0,500	3	»	»	5	»	»	0,500	»	»	»	0,015
Rôti de porc..........	»	10	»	»	12	»	»	»	»	»	0,500	»	»	»	0,025
Haricots au lard......	»	»	»	0,500	»	»	»	»	1	0,100	0,500	»	»	12	0,025
Soupe grasse au pain..	5	»	»	»	5	3	3	»	»	»	0,500	»	»	»	0,015
Bœuf sauce piquante..	»	»	16,2	»	»	»	»	»	»	0,100	0,500	0,090	1	»	0,025
Pommes ragoût.......	»	»	»	0,500	40	»	»	»	»	0,100	0,500	»	»	»	0,025
Totaux pr 100 hommes.	10	10	16,2	1,500	60	3	3	5	1	0,300	3,000	0,090	1	12	0,430
Totaux pr 120 hommes.	12	12	19,5	1,800	72	4	4	6	1,2	0,300	3,500	0,110	1,2	15	0,450
Prix de l'unité........	0,26	1,80	1,29	1,35	0,065	0,07	0,07	0,07	1,80	0,500	0,165	0,400	0,45	0,25	3,400
Prix des denrées......	3,12	21,6	25.15	2,43	4,68	0,28	0,28	0,12	2,16	0,15	0,58	0,05	0,55	3,75	0,50

TOTAL des dépenses de la journée d'ordinaire : 65 fr. 29

A détacher en suivant le pointillé.

BON de vivres d'ordinaire pour la journée du 10 janvier.

Pain de soupe 12ᵏ000
Porc frais désossé 12,000
Bœuf 19,500
Saindoux 1,500
Pommes de terre 72,000
Choux 3,000
Carottes 3,000
Poireaux 5,000
Lard 1,200
Farine 0,300
Sel 3,000
Ail, thym, laurier 0,110
Vinaigre 1,200
Haricots 15,000
Poivre 0,150

Le 8 janvier.

Le Capitaine,

<table>
<tr><td>

MENU

———

Matin. { Soupe poireaux et pommes,
Rôti de porc.
Haricots au lard.

Soir.. { Soupe grasse au pain.
Bœuf sauce piquante.
Pommes ragoût.

</td><td>

OBSERVATIONS DU CAPORAL D'ORDINAIRE.

————

QUALITÉ DES DENRÉES :

PRÉPARATION DES PLATS :

</td></tr>
</table>

Nota. — Le bon ci-contre peut être aussi facilement établi pour le repas d'un soir et celui du lendemain matin, c'est-a-dire à cheval sur deux jours.

Exemples de menu. — Cette méthode d'alimentation variée a permis de donner aux hommes les menus suivants :

Menu d'octobre 1897.

MATIN.	SOIR.	MATIN.	SOIR.
1ᵉʳ et 16		**8 et 23**	
Soupe purée de pois.	Soupe de légumes.	Potage vermicelle.	Soupe à l'oignon.
Boulettes frites.	Poisson.	Bœuf sauce piquante.	Poisson.
Purée de pois.	Pommes, carottes.	Haricots.	Pommes frites.
	Fromage.	**9 et 24**	
2 et 17		Potage tapioca.	Soupe aux choux.
Soupe oignons.	Soupe grasse.	Bœuf légumes.	Tête de veau.
Conserves miroton.	Andouilles.	Pommes ragoût.	Choux au gras.
Pommes ragoût.	Lentilles.	**10 et 25**	
3 et 18		Soupe de légumes.	Soupe haricots.
Potage tapioca.	Soupe haricots.	Saucisses.	Mouton haricots.
Bœuf cornichons.	Mouton haricots.	Lentilles au lard.	Fromage.
Pommes au lait.	Haricots.	**11 et 26**	
	Salade.	Soupe au lard.	Soupe vermicelle.
4 et 19		Lard.	Bœuf légumes.
Soupe de légumes.	Potage vermicelle.	Pommes purée.	Pommes et carottes.
Saucisses.	Bœuf légumes.	**12 et 27**	
Choux au gras.	Nouilles à l'italienne.	Soupe au lard.	Potage aux pâtes.
5 et 20		Lard.	Bœuf sauce piquante.
Potage aux pâtes.	Soupe de légumes.	Haricots à l'huile.	Purée de pois.
Bœuf mode.	Bifteck.		Salade.
Carottes.	Pommes purée.	**13 et 28**	
	Confitures.	Soupe grasse légumes.	Potage vermicelle.
6 et 21		Bœuf mode.	Lapin sauté.
Soupe oseille.	Soupe julienne.	Carottes.	Pommes ragoût.
Conserves miroton.	Porc rôti.	**14 et 29**	
Macaroni au gratin.	Choux au gras.	Soupe aux choux.	Soupe à l'oseille.
7 et 22.		Andouilles.	Veau blanquette.
Soupe purée de pois.	Soupe de légumes.	Lentilles.	Macaroni à l'italienne.
Boulettes frites.	Veau rôti.	**15 et 30**	
Purée de pois.	Pommes et carottes.	Potage tapioca.	Soupe de légumes.
		Bœuf sauce piquante.	Poisson.
		Pommes purée.	Choux au gras.
			Confitures.

Ces menus, des plus simples, ont été préparés par un cuisinier n'ayant d'autres connaissances culinaires que celles acquises dans nos cuisines militaires et sans autre fourneau que le système François Vaillant (deux marmites et le four de temps en temps).

Vérification du cahier d'ordinaire. — Le menu, soumis au capitaine, peut lui servir de base pour la vérification rapide de son cahier d'ordinaire.

Ainsi soit un prêt où il a été dépensé 278 fr. 16 sur 5 × 62 fr. 50 = 312 fr. 50, il doit donc rester 34 fr. 36, ou, par homme et par jour, 0 fr. 0687.

Si la compagnie a 530 journées d'ordinaire, le boni a dû monter de 530 × 0,0687 = 36 fr. 411, moins la valeur du blanchissage, ingrédients de propreté, cuisinier, etc..., dépenses dont il est facile de faire rapidement le relevé.

Le système offre le grand avantage d'une surveillance facile, d'une régularité parfaite dans l'alimentation et d'éviter le coulage ou le gaspillage.

CHAPITRE III

PRATIQUE DE L'ALIMENTATION VARIÉE

Direction. — La direction de l'ordinaire de la compagnie est une des plus belles missions confiées au capitaine. Elle doit lui appartenir pleine et entière, bien entendu sous la surveillance de son chef de bataillon et de la haute direction de la commission des ordinaires. Sa constante sollicitude pour améliorer le bien-être de ses hommes ne peut avoir que d'heureux effets sur leur conduite et leur moral. Schindler a fait cette importante remarque que les cas d'ivresse avaient presque disparu par suite de l'alimentation variée dans sa compagnie.

On est en droit de demander tous les efforts aux hommes bien nourris et pourvus de tous les ingrédients nécessaires à leur entretien personnel, de leurs effets et de leur casernement.

Tous ces détails influent avantageusement sur la marche régulière d'une compagnie et facilitent la tâche de tous les gradés.

La mission du capitaine est bien plus pénible avec l'alimentation variée, mais il peut se faire aider par ses officiers, le sergent-major et le caporal d'ordinaire. En somme, l'alimentation variée demande quelques heures de travail par mois à l'officier chargé de faire le menu.

Quel est l'officier qui ne les sacrifiera pas avec plaisir pour procurer une meilleure nourriture à ses hommes ? Quant au sergent-major, il ne reculera pas devant ce supplément d'ouvrage dans l'établissement de ses bons.

D'ailleurs, l'effectif variant fort peu dans le courant de l'année et les mêmes plats revenant souvent, le sergent-major aura toute facilité de retrouver sur le cahier d'ordinaire les quantités nécessaires de denrées, sans être obligé de faire chaque fois le détail d'établissement des bons, comme nous l'avons indiqué. Actuellement, on ne fait point usage de barème ; il s'est établi cette idée qu'un homme devait avoir par jour 300 grammes de viande, 100 grammes de pain de soupe et 1 kilogramme de légumes, quels que soient ces légumes. Le bon est de ce fait vite établi, mais n'offre aucune garantie au point de vue de la valeur alimentaire et surtout au point de vue financier.

D'ailleurs, comme nous l'avons déjà dit, grâce au barème, le caporal d'ordinaire peut établir ses bons pour les trois prêts. La vérification est alors facile pour le sergent-major, qui n'a qu'à faire le décompte de tous ces bons, dont le total doit égaler celui du menu établi par l'officier pour la quinzaine.

La commission des ordinaires pourrait alléger la tâche des compagnies en établissant elle-même le menu du mois, comme le prescrit le règlement sur les ordinaires, et même améliorer dans de larges proportions l'alimentation par l'achat en gros des différentes denrées du menu.

Toutes les compagnies ayant le même menu, la commission aurait une base sur laquelle elle pourrait tabler pour l'achat en gros des denrées, et cela d'une façon très exacte.

Il en résulterait pour les compagnies une bonne alimentation et une parfaite administration de l'ordinaire.

Les achats se font généralement par adjudication. Ce système présente des avantages : plus de préoccupations, point de soucis pour une période déterminée, mais, à côté, combien d'inconvénients !

Le nombre d'affiches pour les fournitures par adjudication est souvent fort restreint. On se contente d'apposer quelques affiches dans la localité, point aux environs ; quelquefois on fait une annonce dans le journal de la garnison. Avec une plus grande publicité, on aurait des offres plus nombreuses et, avec la concurrence ainsi créée, on pourrait obtenir meilleur marché. On éviterait ainsi de voir le même fournisseur, pendant de nombreuses années, soumissionner à des prix parfois exagérés et être quand même déclaré adjudicataire faute de concurrent.

Souvent un fournisseur est déclaré adjudicataire grâce au sacrifice de quelques objets. On pourrait obtenir par l'adjudication de meilleurs résultats en divisant la fourniture par chapitres ou lots (objets ou denrées de même espèce).

La commission pourrait adjuger la fourniture du chapitre ou lot 1 à M. X... et celle du chapitre ou lot 2 à M. Y..., qui, tous deux, auraient soumissionné le meilleur marché pour ces chapitres ou lots. On éviterait ainsi d'avoir un unique fournisseur, dont la clientèle militaire fait partie du fonds de commerce, qui vend des légumes, du cirage, de la benzine, des lacets, etc..., toutes choses qui ne sont pas de sa compétence, qu'il est obligé souvent de se procurer de ce fait dans de mauvaises conditions et que les compagnies arrivent à payer trop cher.

En déclarant adjudicataire le moins-disant, on peut commettre une grande erreur, car quelquefois le moins-disant vend encore très cher sa marchandise, sachant qu'il est seul soumissionnaire ou à peu près; ou bien encore, il sacrifiera un article qu'il cédera à un prix dérisoire pour majorer ensuite le prix d'autres articles.

Le président de la commission des ordinaires devrait étudier, avant chaque adjudication, la Mercuriale et établir le prix maximum à admettre. Ce prix maximum serait facile à établir au moyen des prix du gros, ou, pour d'autres articles subissant un cours, par le cours moyen, majoré d'un bénéfice variant de 20 à 30 p. 100. Le colonel aurait ainsi une base sérieuse, après chaque adjudication, pour approuver en toute connaissance de cause les marchés. Les fournisseurs, prévenus de cette façon de faire et de l'importance probable de la fourniture, soumissionneraient à un prix se rapprochant de celui de la commission en faisant un escompte plus ou moins fort.

Mais la meilleure solution est celle qu'autorise, d'ailleurs, le règlement : achat direct chez le producteur, achat sur facture en gros ou en demi-gros. Elle permet d'avoir des marchandises de première qualité à des prix sensiblement inférieurs à ceux qu'on peut trouver sur place. C'est la suppression de l'intermédiaire entre le producteur et le consommateur, qui a été réalisée dans les sociétés coopératives de consommation et qui a toujours donné des avantages appréciables, puisque, après avoir fourni à leurs adhérents des denrées presque au prix du gros, on leur fait ensuite une répartition des bénéfices proportionnelle à leurs achats.

Pour l'épicerie en particulier, dont la consommation est considérable, on réaliserait de ce fait de sérieuses économies. Dans le même ordre d'idées, les boucheries militaires ont produit d'excellents résultats et des bénéfices palpables.

Pour monter ainsi une sorte de magasin alimentaire, il n'est pas nécessaire d'avoir de l'argent, comme nous le verrons plus loin.

La commission des ordinaires livre les denrées au prix du gros, majoré de 5 p. 100 par exemple. Cette majoration sert à payer les petits frais impossibles à éviter : installation et aménagement du local, frais de registre et de comptabilité, etc...

Le personnel d'exécution peut être réduit au minimum et comprendre seulement un sergent secrétaire et un soldat employé pour les manipulations et les pesées, sous la surveillance du sergent et du capitaine de distribution.

La comptabilité par entrée et sortie est la plus simple et suffisante. Elle permet une vérification rapide à chaque instant du magasin. Comme la majoration à 5 p. 100 est plus que suffisante pour couvrir tous les frais de ce magasin, il en résulte un bénéfice à répartir en fin de trimestre, par exemple, entre les compagnies, au prorata de leurs achats à la commission, pendant la période.

On a donc, par ce système, une qualité absolument garantie. L'épicerie en particulier est appelée à une amélioration sensible, ainsi qu'à une grande baisse de prix.

Les légumes secs, qui entrent en grande proportion dans l'alimentation, produisent à eux seuls un bénéfice appréciable.

Importance des crédits. — Le budget de l'alimentation dans un régiment provient de deux sources distinctes : l'une, variable, fixée chaque semestre par le général commandant le corps d'armée ; la deuxième, fixe, provenant d'une retenue sur la solde, pouvant s'élever au maximum à 0 fr. 23 par homme et par jour, et de certaines recettes additionnelles d'importance variable.

En supposant la même indemnité de viande pour le deuxième semestre 1897, les crédits mis à la disposition du corps à Beauvais pour un effectif de 2,000 hommes s'élèvent, en 1897, à :

$$1° \text{ Indemnité de viande} \dots \quad 2.000 \times 365 \times 0,35 = 255.500 \text{ fr.}$$

$$2° \text{ Retenue sur la solde} : 2.000 \times 365 \times 0,23 = 167.900 \text{ fr.}$$

Recettes additionnelles.	Permissionnaires (100 francs par compagnie par mois) 109 × 100	9.000	180.900 fr.
	Économie de pain	= 3.000	
	Os, eaux grasses, prison, etc.	= 1.000	

TOTAL..... 436,400 fr.

Comme nous le voyons, ces crédits sont considérables et sont suffisants. Mais leur emploi ne donne pas toujours tout le rendement utile. Nous allons examiner successivement ces deux séries de crédits et les améliorations à apporter dans leur utilisation pratique par les corps de troupe.

Viande. — La question de la viande est une des plus importantes, étant donné le crédit considérable et son rôle prépondérant dans la nutrition. Le besoin d'une nourriture animale s'impose pour le soldat. C'est, en effet, l'aliment de force par excellence.

La ration de viande de 300 grammes fournit à elle seule un peu plus du tiers des albuminoïdes de la ration alimentaire du soldat, principes réparateurs, assimilables et propres à développer les forces musculaires.

La fourniture de la viande intéresse l'État par le prix de l'indemnité représentative, et les corps par la qualité de la viande.

Le problème à résoudre consiste à donner au soldat une bonne viande, d'un rendement suffisant et nécessaire avec la moindre dépense.

La fourniture de la viande est passée par trois phases bien distinctes :

1º Avant 1873, les corps se procuraient la viande nécessaire au moyen de la solde journalière, dans laquelle était compris le prix de la ration de 250 grammes ;

2º De 1873 à 1879, l'intendance passe des marchés spéciaux et fournit la viande en nature aux corps à raison de 300 grammes par homme ;

3º Depuis 1879, les corps passent directement leurs marchés et font connaître leurs besoins chaque semestre au commandant de corps d'armée, chargé par le Ministre, depuis quelques années, de donner satisfaction aux corps de troupe, suivant les crédits mis à sa disposition.

Qualité de la viande. — Parmi les viandes fraîches, celle qui se trouve dans les meilleures conditions économiques et de rendement au point de vue alimentaire, c'est sans contredit la viande de bœuf. Le mouton ne vient qu'en second lieu, et les autres, soit à cause de leur cherté, soit à cause de leur digestion moins facile, de leurs qualités moins nutritives, ne doivent être considérées que comme auxiliaires, exceptionnelles ou accessoires.

Tous les efforts doivent donc tendre à améliorer la qualité de la viande fraîche, de lui conserver, surtout dans ses préparations, toutes ses propriétés nutritives et de la faire manger entièrement aux hommes.

De toutes les préparations. la moins bonne est assurément la soupe grasse, ce soi-disant *plat national*, sans lequel il semblerait vraiment qu'il n'y ait point de salut pour le soldat français. Or, la soupe grasse, que ses partisans en soient bien convaincus, est un préjugé en tout temps, elle n'est pas même un trompe-la-faim en temps de guerre. (Schindler, *loc. cit.*)

La viande rôtie possède de plus grandes qualités nutritives et plaît mieux aux hommes.

En 1841, à l'époque de l'établissement du chemin de fer de Paris à Rouen, les entrepreneurs anglais chargés de la construction de la ligne remarquèrent une différence notable entre le travail des ouvriers qu'ils avaient amenés d'Angleterre et celui des ouvriers français employés à la même besogne.

Ils en cherchèrent la raison et virent que les ouvriers français se nourrissaient de bouilli, de soupes et de légumes, tandis que les ouvriers anglais se nourrissaient surtout de bœuf rôti. On mit les premiers au régime des seconds, et ils purent immédiatement faire autant de travail, et même un peu plus, en raison de l'élan naturel du caractère français.

On cite encore les forges d'Ivry, près de Paris, qui, à leur fondation, furent obligées de faire venir des ouvriers d'Angleterre pour les plus rudes travaux jusqu'au jour où les ouvriers français, mis au même régime de la viande rôtie, eurent acquis la même vigueur et la même résistance.

Fourniture de la viande. — Actuellement, la fourniture aux troupes se fait de deux façons : 1° en viande d'étal de basse boucherie de première qualité ; 2° par bêtes entières.

Examinons successivement ces deux fournitures d'après les considérations précédentes :

1° *Viande d'étal de basse boucherie.* — Beaucoup d'officiers jugent trop la qualité de la viande sur son apparence et sur leur goût personnel. Mangée de temps en temps, accompagnée d'autres plats copieux, la viande d'étal de première qualité de basse boucherie est, certes, succulente. Mais le soldat qui en fait son ordinaire n'y trouve point son compte.

Cette viande, très belle comme apparence, surtout toujours très grasse, provient d'animaux de première qualité et pèse à peu près le tiers de la viande nette d'une bête (65 kilogr.) pour une bête de 350 kilogrammes. Les bouchers en ont difficilement l'écoulement et sont toujours très heureux de s'en débarrasser d'une façon quelconque. C'est pour cela qu'ils recherchent tant la fourniture de la troupe dans les petites garnisons, qui obtiennent ainsi des prix d'adjudication des marchés inférieurs à ceux des fortes garnisons. La viande d'étal de basse boucherie comprend les troisième et quatrième catégories, qui se composent des parois du ventre, du flanc, des muscles fibreux et tendineux des membres et de collier.

Cette viande, bonne pour faire des soupes grasses, ne convient nullement à la préparation des rôtis. Les compagnies qui se fournissent séparément chez un boucher sont donc très désavantagées au point de vue de la conservation des propriétés nutritives de la viande.

Quand on en fait l'observation aux bouchers, ils vous répondent d'un air étonné que leur viande possède un rendement bien supérieur à celui exigé (46 p. 100 de la viande crue), et que, par suite, on a bien tort de se plaindre.

A ceci, il faut s'empresser de répondre que le rendement de la viande doit être considéré à un double point de vue :

a) Rendement que nous nommerons *fictif*, rendement accusé par la balance, le seul exigé par le cahier des charges ;

b) Rendement *effectif*, c'est-à-dire la quantité véritablement mangée par les hommes, quantité assimilable d'albuminoïdes, destinées à la réfection des muscles. Or, malgré les grandes précautions prises au régiment pour conserver à la viande, toutes ses qualités appétissantes au moment des repas, les hommes ne mangent pas les parties grasses de la viandes même servies chaudes.

Pour s'en rendre compte, il suffit de passer dans les chambres après les repas. Dans les assiettes, sur les tables, dans les plats, on trouve beaucoup de gras non mangé. Le rendement de la balance n'est pas une preuve essentielle de bonne fourniture, il n'est que *fictif*, et cette fourniture de viande ne doit donc être acceptée que quand on ne peut pas faire autrement.

Il faut que le soldat consomme intégralement ou presque, sa ration de viande pour réconforter son organisme. Le soldat préfère de beaucoup une viande moins grasse, mais plus étoffée en chair et nos soldats-bouchers sont parfaitement de cet avis. Lorsque chaque compagnie se sert chez un boucher particulier, les hommes sont condamnés pendant trois années à ne jamais manger de rôti. Une somme considérable est donc dépensée en pure perte puisqu'elle est inutilisée.

Lorsque la fourniture est faite en viande d'étal pour tout le corps par un seul boucher, ce dernier est obligé : soit d'accaparer la viande d'étal des autres bouchers de la ville, ce qui se fait très souvent, soit d'abattre des bêtes spéciales, soit lorsqu'il est très consciencieux de débiter tous ses quartiers de devant et de conserver pour sa clientèle, tous les quartiers de derrière, c'est-à-dire les morceaux de première qualité. On arrive, sans s'en douter, à être servi comme les corps qui n'acceptent que des bêtes par quartiers et avec beaucoup moins de garantie, car il est fort difficile de ne pas laisser échapper dans une distribution de ce genre quelques morceaux bien parés, de viande inférieure dite viande à soldat au milieu de viande d'étal de première qualité.

Le plus fort boucher de Beauvais ne tue, en effet, que quatre à cinq bœufs par semaine qui lui donnent 260 à 325 kilogrammes de viande de bonne boucherie, c'est-à-dire la moitié d'une distribution journalière.

2° *Vente par quartiers entiers.* — Quelques corps n'admettent dans la fourniture que des bêtes par quartiers entiers ayant un minimum de poids fixé.

Ces bêtes proviennent généralement du Limousin et de l'Auvergne et ne se composent presque exclusivement que de vaches, ce qui n'est nullement étonnant, la proportion des vaches et des bœufs étant de quatre à un environ.

Certains corps exigent l'acceptation préalable de la viande sur pied. Cette précaution excellente ne peut avoir lieu que dans les corps pourvus de vétérinaires.

De l'avis de tous les hommes compétents, il n'y a de contrôle réel et sérieux que s'il comporte les deux examens successifs : viande sur pied et viande abattue. On peut obtenir dans tous les corps d'infanterie, cette double garantie, en envoyant à l'abattoir, lors de la visite sur pied des bêtes par le vétérinaire civil, un sous-officier qui marque à chaud, sur les quatre sabots des bêtes acceptées, le chiffre du régiment. Les sabots doivent rester adhérents à chaque quartier pour les distributions.

Avec un service d'abattoir bien fait, le cachet d'inspection du vétérinaire offre déjà une grande garantie de la bonne qualité de la viande, garantie complétée au quartier par la visite minutieuse du docteur et du capitaine de distribution.

Ce genre de fourniture, demande beaucoup de surveillance, mais est plus facile cependant qu'avec la viande d'étal.

Les bouchers mettent à part les filets, les rognons et les remportent pour la vente en ville. En revanche, ils laissent des parties de collier et de bajoue qui ne devraient pas entrer dans les distributions. Ils laissent aussi plus de jarrets et de gites (ou jambes) qu'il ne convient. Les glandes mammaires ne sont pas suffisamment enlevées et c'est un moyen bien facile de reconnaître les vaches dans nos distributions. Si on n'y tient pas la main, ils donnent plus de viande des quartiers de devant, en général deuxième catégorie, que ceux de derrière, première catégorie.

Enfin, ils n'abattent généralement que des animaux de 350 à 400 livres, dont le rendement en viande est insuffisant ou des bêtes d'un bon poids mais maigres, chez lesquels la charpente osseuse forme la plus grande partie de l'animal.

Le moyen de se garantir de ces supercheries, c'est d'exiger, dans les marchés, une limite minimum pour le poids des quartiers.

Ces poids doivent être respectivement :

		Bœuf, taureau.	Vache.
Par quartier...	de devant........	75 kilogr.	60 kilogr.
	de derrière.......	55 —	50 —
Pour l'animal entier		260 kilogr.	220 kilogr.

On a ainsi des bêtes demi-grasses, bien en chair, dites viande de deuxième qualité, permettant une grande variété de préparations culinaires et principalement de faire souvent des rôtis par une répartition intelligente de toutes les parties de la bête entre les diverses compagnies suivant leurs menus.

Avec des bêtes de ce poids, on peut exiger, sans augmentation de prix, que les filets et aloyaux ne soient point enlevés. Les bouchers n'ont point la vente des filets et aloyaux de pareilles bêtes. Le profit qu'ils pourraient en retirer ne compenserait pas le temps qu'ils perdraient à les enlever. Mais, se fiant sur notre ignorance en fait de boucherie, ils demanderont par compensation de ne plus désosser les bajoues et de laisser les rognons.

A première vue, la chose semble de peu d'importance, les os des bajoues paraissent peu lourds, le rognon est peu volumineux; mais en réalité, ce serait payer au boucher, comme viande, quarante livres de suif ou os qui ne valent à peine le tiers du prix de cette viande. La ration du soldat serait diminuée d'autant comme qualité et comme quantité.

D'ailleurs, en principe, il faut être d'une extrême défiance avec les bouchers servant la troupe, ne jamais accepter leurs propositions à brûle-pourpoint, mais seulement après s'être éclairé auprès des gens compétents.

La fourniture ainsi comprise donne d'excellents résultats, et principalement celui cherché : la ration de viande suffisamment maigre pour être entièrement consommée et conservant toutes ses propriétés nutritives.

Depuis le 1er janvier dernier, ce système est appliqué au 51e; cuisiniers et hommes ont éprouvé, les premiers, une plus grande facilité de préparation; les seconds, une grande amélioration.

Dans un régiment du 12e corps, la fourniture de viande était faite par quartiers en viande de deuxième qualité, avec latitude au fournisseur d'apporter une certaine quantité de viande d'étal de première qualité. Quelques capitaines de distribution, imbus de la supériorité apparente de la viande d'étal, toléraient que les distributions entières se fissent en cette viande. D'autres capitaines n'admettaient que la proportion minimum de viande d'étal fixée par le cahier des charges et exigeaient la distribution en viande de deuxième qualité. par quartiers. Tous les hommes préféraient de beaucoup cette deuxième façon d'opérer ; ils trouvaient une ration plus copieuse et mangeable.

Taureau. — Parmi les viandes bien en chair, qu'on a tort d'éliminer de nos marchés, il faut citer celle du taureau, de l'avis de tous les bouchers.

Aujourd'hui, le taureau est entré dans la consommation courante, et les corps qui se servent en viande d'étal en mangent très souvent sans s'en douter. On ne trouve plus à la campagne des taureaux âgés de plus de quatre ans. Après quelques saillies, le taureau est engraissé pour la vente. Cette viande est sensiblement aussi bonne que celle du bœuf et de la vache. Elle est moins grasse, a moins d'os et moins de déchets. Elle est bonne à manger, surtout en rôti. Cette viande pourrait entrer dans le septième des distributions. Elle est d'autant plus avantageuse qu'on a rarement des déchets en graisse. Il nous reste à examiner la question du veau et du mouton.

Du veau et du mouton. — L'introduction de ces deux viandes dans les marchés a été une conséquence logique de l'application de l'alimentation variée. Mais où le but était des plus louables, l'application n'a pas répondu généralement aux espérances. Si le consommateur peut se montrer exigeant envers le commerçant, il ne faut pas cependant de parti pris créer au commerçant des difficultés qui rendent son service difficile. Que se passe-t-il, en effet ? Sans tenir compte des habitudes locales, des offres du fournisseur, les compagnies demandent, quand elles le veulent, du veau ou du mouton. Le boucher est souvent gêné par ces demandes imprévues. On ne trouve pas aussi facilement à s'approvisionner de veau et de mouton que de bœufs ou vaches. Le boucher peut se voir obligé, en dehors de ses jours d'abat pour la clientèle civile, de tuer spécialement des animaux qui lui resteront sur les bras, si les demandes d'autres compagnies cessent pendant quelques jours.

Généralement, les compagnies sont servies en morceaux de basse boucherie.

Il y aurait un moyen de concilier tout le monde, tout en obtenant une meilleure fourniture pour les compagnies avec une diminution de prix. C'est de régulariser dans les marchés les distributions de veau ou de mouton et de stipuler qu'elles n'auront lieu que deux jours fixes par semaine pour toutes les compagnies, à l'exclusion du dimanche, à cause du grand nombre de permissionnaires.

La grande quantité demandée obligerait le boucher à tuer spécialement pour la troupe et, par suite, à faire des achats en gros. On aurait ainsi des animaux par quartiers entiers, qui viendraient en déduction de la viande d'étal, limitée au dixième de la distribution totale, et non plus toutes les poitrines ou extrémités de côtelettes de tous les moutons ou veaux abattus dans la ville.

Pour être bien servi, les poids à fixer sont respectivement :

Veau .... { Maximum.....................	75	kilogr.
Minimum.....................	60	—
Mouton avec gigots.	20	—

Prix de la viande. — A la campagne, il n'est point de village qui n'ait plusieurs fois par semaine la visite d'un boucher, quand, il y a seulement quelques années, on ne consommait de viande qu'aux fêtes carillonnées. Le prix de la viande change à peu près tous les trois mois.

En hiver, les bêtes ne vont pas à l'herbe et restent à l'écurie ; la nourriture coûte cher et les propriétaires baissent les prix pour s'en débarrasser, d'autant qu'ils ont besoin d'argent pour les travaux d'été. Les autres mois, les bêtes vont au pré et coûtent peu. Les propriétaires ne les mettent pas sur les marchés et les prix montent. Le semestre d'hiver, la viande baisse indépendamment de toute considération. En dehors de ce fait, il n'y a de prix que celui que fait la spéculation. Or, de l'avis des bouchers, pour avoir de la bonne viande par intermédiaire, il faut mettre 1 fr. 20 par kilogramme pour le bœuf et 1 fr. 40 pour le mouton, ce qui donne 0 fr. 369 comme indemnité de viande. C'est le prix maximum de la spéculation.

Depuis soixante ans, le prix de la viande a doublé. On a attribué cette hausse à l'accroissement de la demande. Ce n'est pas la vraie raison, car les statistiques montrent que notre bétail augmente et que les importations ont été considérables. Le vicomte d'Avenel, dans la *Revue des Deux Mondes* du 15 juin 1895, a, dans deux passages, donné la vraie raison :

« Un bœuf doit nourrir trop de monde avant d'être mangé effectivement » ; et plus loin : « La différence entre les prix des animaux sur pied et ceux de la viande au détail ne provient pas seulement de la baisse des peaux, des laines, du suif, valant naguère 1 franc, maintenant 0 fr. 40 le kilogramme, de tous ces accessoires qu'en langage technique on appelle « le 5º quartier ». Cet écart est motivé par l'organisation défectueuse du commerce : trop de compartiments, de degrés successifs séparent le pot-au-feu parisien du paysan berrichon, charentais ou normand ».

L'expérience a été faite d'une façon victorieuse à Verdun, par la création de la boucherie militaire.

Sans prendre une mesure radicale comme à Verdun, l'armée peut obtenir de la bonne viande sans payer un prix exagéré.

La fourniture de la viande au 51e en est un exemple frappant depuis 1893.

Pendant ces dernières années, le régiment, comme généralement tous les autres corps de troupe, craignant de s'indisposer la population civile en faisant appel à la concurrence étrangère à la ville, et se basant un peu aussi sur la presque certitude de l'allocation d'une indemnité de viande correspondant au prix de marché passé, n'admettait dans la passation de ses marchés que les bouchers de la ville, bien que constitués en syndicat.

De 1893 à 1897, la fourniture fut faite en viande d'étal, le marché se passait pour un an.

En 1893 et 1894, huit bouchers fournirent chacun une ou deux compagnies au prix de : bœuf, 1 franc en 1893, 1 fr. 18 en 1894, et veau et mouton 1 fr. 35 pour ces deux années. Quelques plaintes s'étant élevées en 1894, deux bouchers furent seuls admis à soumissionner au prix de 1 fr. 38 le bœuf ou vache, 1 fr. 55 le mouton frais, 1 fr. 45 le mouton congelé (1) et 1 fr. 45 le veau. En 1896, un seul fut déclaré adjudicataire au même prix qu'en 1895, avec obligation d'apporter la viande au quartier. Mais le 16 janvier, le taux de l'indemnité de viande étant inférieur au prix du marché, l'adjudicataire voulut bien consentir à baisser le prix du bœuf de 0 fr. 03, et, pendant toute l'année 1895, les prix furent : bœuf, 1 fr. 35 ; mouton frais, 1 fr. 55 ; mouton congelé, 1 fr. 45, et veau, 1 fr. 45.

Pendant cette période de quatre ans, la viande n'avait cessé d'augmenter ; en 1894, les bouchers de la ville, syndiqués, ne craignant pas de concurrence, augmentent le prix du bœuf de 0 fr. 18 le kilogramme ; en 1895, deux bouchers, chargés d'écouler la viande d'étal de toutes les boucheries syndiquées, et certains d'être adjudicataires, se rémunèrent de leurs peines par une aug-

---

(1) Une étude des plus intéressantes et des plus complètes a été publiée par le docteur H. Viry, fils de l'éminent directeur du service de santé du 2e corps (thèse de Lyon) sur l'importance, au point de vue de la défense nationale et au point de vue économique sans diminution des principes alibiles, de la consommation de la viande congelée dans l'alimentation du soldat. (*Annales d'hygiène et de médecine légale*, mai 1898.)

mentation très sensible : bœuf, 0 fr. 20 de plus qu'en 1894 ;
mouton, 0 fr. 20, et veau, 0 fr. 10. Mais un point noir surgit :
l'indemnité accordée est inférieure de 1 cent. 9 au prix du marché
pendant le premier semestre et 0 fr. 004 pendant le deuxième.

Malgré ces différences énormes, le marché fut approuvé. Après
l'accident d'Abbeville, il fut exigé que la viande serait apportée et
distribuée aux compagnies au quartier. Pour éviter doubles frais
aux bouchers, un seul s'offrit à assurer le service, maintenant les
prix de 1895 et ne les abaissant qu'après d'actives démarches lors
de la connaissance de l'indemnité de viande, craignant sans doute
de voir le marché non approuvé.

Le bénéfice réalisé par l'adjudicataire était encore assez considérable. Car, si nous comparons les prix et la fourniture de l'hospice
de Beauvais avec le régiment, on s'aperçoit que, pendant les années
1893 et 1894, le 51ᵉ a payé tout aussi cher que les hospices, tout
en étant plus mal servi, qu'en 1895 et 1896 ; si la fourniture était
aussi bonne pour le bœuf, elle était très inférieure pour le mouton
et le veau, qui n'étaient servis les trois quarts du temps qu'en
menus morceaux et que le régiment a payé un prix exorbitant.

Du cahier des charges de l'hospice, annexé à ce travail, il ressort
que, par semaine, l'hospice consomme :

```
                   (  1ʳᵉ catégorie.............    18 kilogr.
Bœuf 180 kilogr... {  2ᵉ catégorie.............    72   —
                   (  3ᵉ catégorie.............    90   —

Veau.................................  84 kilogr. }
Mouton...............................  24   —     } 108 kilogr.
```

c'est-à-dire 5/8ᵉ de bœuf et 3/8ᵉ de veau ou mouton. Or, les prix
de l'adjudication ont été les suivants :

```
1893...............................................  1 f24
1894...............................................  1,21
1895...............................................  1,25
1896...............................................  1,24
1897...............................................  1,20
```

Si nous prenons aux prix d'adjudication du 51ᵉ et les mêmes
proportions de bœuf et de veau ou mouton qu'à l'hospice, nous
obtenons les chiffres suivants :

```
1893...............................................  1 f13
1894...............................................  1,24
1895...............................................  1,49
1896...............................................  1,406
```

En admettant qu'en 1896, l'adjudicataire de l'hospice n'ait rien
gagné sur son marché, ce qui est peu probable, le fournisseur du
51ᵉ a au moins gagné la différence :

1,406 (51ᵉ) — 1,24 = 0,166 par 1 fr. 406 de somme perçue, c'est-à-dire : $\dfrac{162.409^f04 \times 0.166}{1,406} = 19,174,8924$, soit 20,000 francs.

Ce chiffre n'a rien d'exagéré ; en ville, le gain réalisé par le fournisseur passe pour avoir été bien supérieur, et certains bouchers l'évaluent à 30,000 francs.

En 1897, afin d'éviter une nouvelle année désastreuse pour les ordinaires, on fit appel, grâce à une large publicité, à la concurrence étrangère à la ville, avec un nouveau cahier des charges bien plus exigeant : viande reçue par quartiers entiers, avec latitude d'un dixième du poids de la distribution en viande d'étal. L'expérience a parfaitement réussi comme qualité de viande et comme prix :

$$
\begin{aligned}
&\text{Bœuf} \dots\dots\dots\dots\dots\dots\dots\dots\dots\dots\dots\dots\dots\dots\dots\dots\dots\dots\dots\dots\quad 1{}^f14 \\
&\text{Mouton et veau} \dots\dots\dots\dots\dots\dots\dots\dots\dots\dots\dots\dots\dots\dots\dots\quad 1,38
\end{aligned}
$$

Le marché n'a été passé que pour le premier semestre, par un gros marchand de bestiaux de Paris qui a installé un garçon boucher avec étal à l'abattoir de la ville.

En prenant les mêmes proportions des deux viandes qu'à l'hospice, nous obtenons, pour 1897, 1 fr. 23 au 51ᵉ au lieu de 1 fr. 20 à l'hospice.

D'un autre côté, les ordinaires n'ont plus à subir aucune perte par suite de l'insuffisance de l'indemnité de viande, l'indemnité allouée de 0 fr. 35 compensant le prix du marché 0,351 (ration de 300 grammes, 6/7ᵉ de bœuf, 1/7ᵉ de veau ou mouton).

Aperçu sur la façon actuelle de la passation des marchés. — Les corps opèrent leurs achats de viande en dehors de toute intervention des services administratifs, et même de tout contrôle du commandement. La plus grande divergence règne dans l'établissement des cahiers des charges, et l'on voit, par suite, jusqu'à 0 fr. 59 de différence dans le kilogramme de viande entre deux corps de la même garnison.

Certains corps n'apportent pas toute la résistance nécessaire aux prétentions des bouchers. Ils ne font pas assez de publicité, ni appel à la concurrence, se croyant obligés de donner leur pratique aux bouchers de leur garnison, qui en profitent, comme ils l'avaient fait à Beauvais, pour augmenter leur prix de 0 fr. 38 en trois ans.

Beaucoup de corps se désintéressent de la question de la viande, sachant qu'ils auront une indemnité de viande équivalente au prix du marché qu'ils ont passé.

D'autres corps, qui se sont montrés en même temps soucieux du bien-être de leurs hommes et des intérêts du Trésor en provoquant, par une large publicité, une concurrence nombreuse, reçoivent l'indemnité à peu près correspondante à la passation de leur marché, bien qu'ils aient passé des marchés très avantageux pour l'État, n'ayant alors pour eux que le souci d'une surveillance plus active du boucher, qui cherche à tromper en raison du prix peu élevé de son marché.

Il arrive également que des bouchers, se basant sur ce que le marché n'est approuvé qu'après la fixation de l'indemnité représentative de viande, s'entendent, principalement dans les petites garnisons, pour passer des marchés à des prix élevés, escomptant que l'indemnité allouée correspondra à peu près au marché passé, acceptent de faire une légère diminution sur leur marché et se contentent de l'indemnité, qui est souvent supérieure au prix qu'ils auraient obtenu par un marché loyal et sans arrière-pensée.

La mission du corps d'armée est des plus délicates pour donner satisfaction à toutes ces demandes de conditions si diverses. Sur quoi peut-il bien se baser pour répartir les crédits, mis à sa disposition par le Ministre, d'après une indemnité moyenne par région de corps d'armée? Les instructions recommandent de prendre auprès de l'administration civile les renseignements commerciaux.

Or, veut-on savoir ce qu'il en est? Au mois de novembre 1896, les bureaux de la préfecture ont envoyé au sous-intendant militaire pour être transmis au corps d'armée comme renseignements sur la Mercuriale de la viande : le *prix de la viande* vendue *au détail* dans les boucheries dans les diverses communes du département.

Qu'arrive-t-il avec de pareils renseignements? Le corps d'armée, fort embarrassé (on le serait à moins), cherche à donner satisfaction à tout le monde et répartit les crédits en accordant une indemnité représentative à peu près équivalente à 0 fr. 01 ou 0 fr. 02 près au marché passé. Les bons pâtissent alors pour les mauvais.

Existe-t-il un moyen de remédier à cet inconvénient et qui puisse mieux éclairer l'autorité supérieure dans la répartition de ses crédits? Oui! en restreignant l'initiative des corps, en leur imposant certaines règles de publicité et les mêmes clauses dans leurs cahiers des charges.

Mesures proposées pour obtenir une plus juste répartition des crédits. — La première mesure à prendre est d'empêcher absolument les marchés de gré à gré; cette pratique cause une élévation du prix de la viande. Un bataillon d'artillerie de forteresse avait traité de gré à gré à 1 fr. 20 le kilogramme. Dénoncé au Ministre et obligé à faire une adjudication, le prix tombe à 1 fr. 05. Même après la connaissance de l'indemnité de viande, il ne devait pas y avoir d'entente permise avec les bouchers ; dans le cas où cette indemnité serait inférieure au prix du marché, une deuxième adjudication devrait être passée ; les bouchers, connaissant le prix-limite, feraient certainement des offres plus avantageuses. Pour se garantir, le corps n'aurait qu'à introduire dans son cahier des charges une clause lui permettant, dans le cas où l'indemnité allouée serait inférieure au prix de marché, de procéder à une nouvelle adjudication et de conserver tout droit d'approbation de la première adjudication, si la deuxième ne donnait pas des résultats plus satisfaisants. On parviendrait peut-être ainsi à supprimer cette entente préalable des bouchers, principalement dans les petites garnisons.

La deuxième mesure consiste à diviser les garnisons en deux classes, ayant chacune un cahier des charges distinct : 1re classe : garnison d'un effectif égal ou inférieur à un bataillon ; 2e classe : garnison d'un effectif supérieur à un bataillon.

Garnisons de la 1re classe. — Ces garnisons sont les plus mal partagées, étant contraintes, par suite de leur petit effectif, d'être servies en viande d'étal. La première condition est d'obtenir une représentation en qualité et en quantité de la ration achetée. Or, nous avons montré plus haut que la viande d'étal, fort belle en qualité, avait un rendement fictif comme quantité. D'un autre côté, comme valeur nutritive, ces garnisons, servies en morceaux de basse qualité, sont très mal partagées, car elles ne peuvent faire de rôtis.

Le remède est de se montrer plus exigeant et de stipuler, dans le cahier des charges, que la fourniture sera faite moitié en viande de troisième catégorie, dont 5 p. 100 au maximum de collier, moitié en viande de deuxième catégorie, de façon que, sur sept jours, les hommes aient trois rôtis, trois soupes ou ragoût et un jour de veau ou mouton. Les autres repas auraient lieu en viande ou lard de conserve, porc, charcuterie ou poisson.

Les bouchers des petites garnisons considèrent trop les soldats comme des clients obligés de consommer les résidus de la population civile. Il serait temps de leur montrer que l'armée peut et doit être mieux servie que beaucoup de citoyens, car elle possède la plus grande puissance en matière commerciale : le payement au comptant.

Les livraisons devraient toujours avoir lieu au quartier, en présence d'un docteur et du capitaine de distribution.

Si la garnison se composait de plusieurs corps, une commission mixte passerait le marché pour l'ensemble de la garnison et les distributions seraient assurées à tour de rôle par chaque corps.

Garnisons de la 2ᵉ classe. — Les garnisons d'un effectif supérieur à un bataillon nécessitent l'abat journalier d'une bête.

On peut donc exiger que ces garnisons soient fournies en quartiers entiers, ce qui leur assurera une bonne qualité de viande, comme nous l'avons montré. Les détachements d'un effectif moindre seraient rattachés pour la fourniture de la viande à un des corps importants.

Les clauses à insérer dans le cahier des charges devraient contenir les dispositions suivantes :

1° Les bêtes seront visitées sur pied et marquées à la corne ou au pied en présence du vétérinaire ;

2° Les poumons resteront adhérents à la bête abattue ;

3° La viande ne devra pas être soufflée ;

4° Les viandes devront porter le timbre authentique de l'abattoir municipal ;

5° Les bêtes seront entrées dans les casernes par quartiers entiers (autant de quartiers de devant que de quartiers de derrière) ;

6° Les quartiers devront avoir un minimum de poids de :

ANIMAUX.	QUARTIERS.		TOTAL.	OBSERVATIONS.
	DEVANT.	DERRIÈRE.		
Bœuf et taureau......	75 kilogr.	55 kilogr.	260 kilogr.	
Vache.............	60 —	50 —	220 —	

7° La proportion entre les diverses viandes, sera de :

Bœuf... 2/7ᵉ
Vache.. 2/7ᵉ
Taureau.. 2/7ᵉ
Veau et mouton.................................... 1/7ᵉ

8° Le rendement de la viande cuite sera au minimum de 46 p. 100.

9° Pour obtenir un prix moins élevé, l'adjudicataire sera autorisé à assurer la distribution journalière par un dixième de viande d'étal.

En outre, la plus grande publicité devrait être faite, et principalement à la Villette. Cette publicité, qui nous paraît très onéreuse, n'est rien à côté du moindre marché passé avec une administration civile, marché soumis aux droits d'enregistrement et s'élevant de 400 à 500 francs, suivant les prévisions du marché.

L'adjudication, dans ces conditions, permet d'obtenir les meilleures conditions de prix en stimulant la concurrence, qui est une source de bénéfice et offre toutes les garanties désirables dans le choix des candidats.

On ne devrait pas tenir compte, dans l'allocation de l'indemnité de viande, du prix du veau ou du mouton

Le veau et le mouton devraient faire l'objet d'un marché à part, dans lequel l'autorité supérieure n'aurait pas à s'immiscer pour la fixation de l'indemnité de viande.

Mais cependant, pour faciliter l'alimentation variée, l'indemnité représentative de bœuf serait augmentée d'une façon identique de 0 fr. 02 à 0 fr. 03, suivant la disponibilité des crédits, indemnité qui augmenterait de 0 fr. 14 à 0 fr. 21 le prix du kilogramme de bœuf et permettrait de donner une fois par semaine du veau ou du mouton.

Le poids des veaux à admettre doit être dans les limites ci-dessous :

> Poids maximum, animal entier, 60 kilogrammes.
> — minimum,   —   45   —

Le poids du mouton à admettre doit être au minimum de 20 kilogrammes avant l'enlèvement des gigots.

Conclusion. — L'expérience est à tenter dans les garnisons mal desservies actuellement comme boucherie, quoique payant fort cher, et dont le prix de viande n'a cessé de progresser depuis quelques années. L'installation d'une boucherie ne coûtera au régiment que le local mis à la disposition de l'adjudicataire, qui serait astreint par le cahier des charges à fournir la balance, une table pour préparer les distributions et un billot pour découper les quartiers de viande.

La masse de casernement n'aurait à installer que les crochets nécessaires pour la suspension des quartiers, après leur pesage et avant leur livraison.

Une boucherie a été installée dans ces conditions à Beauvais, dans une écurie de quatre chevaux inoccupée.

Crédits de la retenue journalière. — Ces crédits se distinguent essentiellement des précédents, en ce sens qu'ils sont fixes, n'intéressent plus l'État, et que les corps de troupe devraient s'ingénier à leur faire produire le plus grand rendement possible.

Il n'en est rien, malheureusement. Nous voyons dans l'utilisation de ces crédits le même désintéressement des corps que pour la viande et l'accaparement de la fourniture par un ou deux commerçants permanents par garnison.

Ces crédits doivent assurer les principales fournitures suivantes :

    1° Pain de soupe ;
    2° Légumes frais ;
    3° Épicerie, ingrédients de propreté.

Pain de soupe. — Généralement, le pain de soupe est obtenu par adjudication, à quelques centimes au-dessous du cours fixé par le maire. C'est un des rares marchés passés dans de bonnes conditions.

Légumes frais. — Le meilleur système est celui préconisé par Schindler, mais il nécessite des caves et des locaux assez vastes, que peu de régiments possèdent. Schindler raconte le fait suivant :

Dans une garnison où l'on payait 0 fr. 15 le kilogramme de choux à un adjudicataire intermédiaire, un capitaine aperçut un jour, étant à la chasse, un superbe champ de choux. Il s'enquit auprès du paysan propriétaire s'ils étaient à vendre. On lui répondit que ces choux avaient été plantés pour la consommation des gens de la ferme. L'officier n'y songeait plus lorsque, deux ou trois mois plus tard, le même paysan vint le trouver et lui demanda s'il était toujours disposé à acheter des choux. On lui répondit affirmativement, en ajoutant qu'il en faudrait environ 7,000 kilogrammes par an et qu'on les payerait 0 fr. 06 le kilogramme.

« Vous me les payerez 0 fr. 06 le kilogramme ? à ce prix-là je vous en planterai autant que vous en désirerez. »

Schindler recommande de stipuler dans les marchés l'espèce des pommes de terre à livrer. Une des meilleures espèces est celle dite *magnum bonum*. Elle a les yeux superficiels et donne cinq fois moins de déchet que l'espèce *chardonne*, de mauvaise qualité.

Des yeux enfoncés et d'énormes verrues qui la recouvrent amènent des déchets qui atteignent la moitié de la masse totale. Cette clause du marché est assez appréciable quand on songe que les pommes de terre représentent plus de la moitié en poids de la consommation totale des légumes. Voilà un procédé aussi simple que commode pour augmenter le boni : supprimer les intermédiaires. Faire les achats en gros et directement : tel est le meilleur système pour assurer la meilleure alimentation. Qualité supérieure des denrées et augmentation du boni, sans diminuer d'un gramme la ration du soldat.

Épicerie. — L'épicerie est de beaucoup la dépense la plus importante à assurer sur les crédits provenant de la retenue journalière.

L'essai d'alimentation variée ayant fait ressortir les bénéfices énormes réalisés par les épiciers et la possibilité d'installer à peu de frais une épicerie, le colonel de Lacroix décida de mettre en pratique l'idée de la création d'une épicerie, gérée par la commission des ordinaires s'approvisionnant en gros, à la suite d'une adjudication par lots.

Cette amélioration s'imposait d'autant plus vivement que, depuis deux ans, sur la retenue journalière de 0 fr. 23, on était obligé de prélever 0 fr. 019 à 0 fr. 04 pour assurer la ration journalière de 300 grammes de viande, par suite de l'insuffisance de l'indemnité représentative.

Bien que l'on eût toujours procédé par adjudication publique, les épiciers de détail de la ville ne se présentaient point. Le cahier des charges énumérait bien les denrées à fournir, mais sans faire mention de la qualité requise pour les denrées, ni surtout l'importance probable de la fourniture. L'adjudicataire était astreint à venir chaque jour assurer la distribution au quartier, ce qui pouvait le gêner dans son commerce habituel.

Bref, le fournisseur du régiment préparait les commandes des compagnies d'après les bons que lui remettait le sergent et les livrait aux caporaux d'ordinaire, dans un petit local mis à sa disposition au quartier, renfermant un fût de pétrole, un approvisionnement courant de légumes secs, des sacs de sel et autres objets ne craignant pas de détérioration.

Bien souvent, les cuisiniers se plaignaient de la qualité, soit des légumes secs, soit des pâtes alimentaires, soit du saindoux ou autres denrées. A la moindre observation, le fournisseur s'empressait de remplacer la marchandise, quitte à la rapporter la semaine suivante, lors du changement de capitaine de distribution. La surveillance de cet officier était presque aléatoire. Sur quoi pouvait-il bien se baser pour formuler une observation, le cahier des charges étant muet sur la qualité à requérir des denrées ? Cependant, quand, après de nombreuses heures de cuisson, les haricots se refusaient à s'amollir et se transformaient en balles de fusil, il y avait force majeure au refus de la denrée. Il en était de même quand les pâtes alimentaires fondaient et se transformaient en pâte indigeste.

Quant au saindoux, soigneusement empaqueté, il aurait fallu des connaissances en épicerie qu'aucun officier ne possède pour s'y reconnaître.

Conformément au cahier des charges, un approvisionnement de 592 kilogrammes de saindoux, nécessaire en cas de mobilisation, devait être entretenu par l'adjudicataire moyennant une indemnité de 2 p. 100. Cette clause ne pouvait être résiliée qu'en prévenant le fournisseur trois mois à l'avance.

Quelques jours après la création de l'épicerie par gestion directe, le fournisseur demanda à la commission de vouloir bien prendre possession de l'approvisionnement de saindoux de mobilisation.

Le saindoux fut apporté au quartier et la commission se réunit pour en examiner la qualité; heureusement pour le régiment, c'était la seule denrée pour laquelle il avait été stipulé des conditions dans le cahier des charges : saindoux de première qualité, blanc, garanti pur, à l'exclusion complète des saindoux dits d'Amérique. En examinant les tierçons pour connaître la marque et la provenance, on fut étonné de lire sur une belle affiche rouge : graisse alimentaire, additionnée d'huile végétale, etc... (marque Ferry, de Marseille). Le fameux saindoux de mobilisation n'était autre que du suif additionné d'huile de coton. C'était la fourniture habituelle du régiment depuis de nombreuses années. La livraison fut refusée.

Le bénéfice réalisé de ce fait était considérable. Cette graisse alimentaire était payée par le régiment 150 francs les 100 kilogrammes. Or, le véritable saindoux, de la marque acceptée en 1887 par la commission, ne coûta, comme nous le verrons plus loin, que 81 fr. 34. Ces chiffres parlent d'eux-mêmes.

Études préliminaires. — Avant de changer de système, il fallait être certain de la réussite : aménagement d'une épicerie, frais d'installation et de gestion, certitude d'une adjudication à des prix inférieurs au prix de l'ancien marché, etc..., étaient autant de questions aléatoires qu'il fallait étudier avec le plus grand soin avant de se lancer dans l'inconnu.

Le local fut vite trouvé : une petite écurie de quatre chevaux inoccupée. L'aménagement ne coûta que 87 fr. 80 : claires-voies pour préserver les sacs de légumes secs et autres denrées de l'humidité des pavés ; construction de deux étagères, l'une pour recevoir la brosserie, les boîtes de cirage, les sabots et autres menus objets ; la deuxième, divisée en douze casiers, pour recevoir les distributions des compagnies, préparées à l'avance par le garçon épicier, une table supportant les balances et le moulin à poivre ; trois chantiers pour recevoir les tonneaux d'huile, de vinaigre et de pétrole.

Le matériel nécessaire coûta 190 francs, soit en tout 277 fr. 50 pour frais d'installation :

1 balance Roberval (force 20 kilogr., pour distributions importantes).
1 balance Roberval (force 5 kilogr., pour peser les menues denrées).
1 balance ordinaire (force 500 kilogr., pour la réception des marchandises).
1 série de 2 kilogr., poids en cuivre.
1 série de 10 kilogr., poids en fonte.
2 mains à rouleau n° 2, pour les légumes secs.
2 mains en bois pour sel.
1 paire de tenailles.
1 marteau fer fondu avec clavettes à caisses.
1 marteau ordinaire.
2 mesures d'un litre (en fer-blanc, forme étain), pour pétrole et huile.
1 mesure d'un litre en étain, pour vinaigre.
Entonnoirs : 2 en fer-blanc (huile et pétrole) ; 1 en gutta (vinaigre).
1 spatule pour saindoux, en fer forgé.
1 moulin à poivre.
1 boîte à poivre, en fer-blanc.
1 main en cuivre pour la distribution du poivre.
Canelles : 2 en bois (huile et vinaigre) ; 1 en cuivre (pétrole).

Les frais de gestion furent diminués en faisant fabriquer par les compagnies des sacs en toile avec de vieux bourgerons, pour leurs distributions en légumes secs, pâtes alimentaires, etc... Dans le premier trimestre, il n'a été dépensé que 54 fr. 30 de papier, soit une mensualité de 18 francs.

Des renseignements furent pris auprès des épiciers en gros, des grosses maisons de Paris et des ports de mer, des commis voyageurs, etc...

Tous mirent, il faut le constater, la plus grande bienveillance à envoyer des échantillons, des prix, et à fournir tous les renseignements que l'on pouvait espérer.

Il fut alors possible d'établir un cahier des charges renfermant la composition des lots, les conditions qu'ils devaient réaliser et l'importance probable d'après le relevé de la consommation de 1895.

En séance, la commission approuva le projet de cahier des charges et arrêta les échantillons des denrées en présence du colonel, qui ne fit admettre que des denrées de première qualité.

Il n'y avait aucune crainte à avoir en cas d'insuccès à l'adjudition, des offres de marché de gré à gré ayant été faites par quelques commerçants à des prix bien inférieurs au marché en cours et de qualité bien supérieure.

Au dernier moment, le colonel fit ajouter un 19e lot, concernant la charcuterie.

Une bonne publicité fut faite au moyen de grandes affiches mentionnant la composition des lots, leur importance, de cahiers des charges envoyés aux gros épiciers de Beauvais, aux importantes maisons de Paris et autres villes, aux bourses de commerce de Paris et des grands ports de mer. Au jour de l'adjudication, presque tous les lots eurent preneurs à des prix des plus avantageux. Un seul lot ne put être adjugé : le 16e, pour la morue, aucun commerçant ne pouvant s'engager, étant données les incertitudes des cours par suite de la mauvaise campagne de pêche.

Le 15e lot ne fut pas adjugé ; la commission fait des achats directs des plus avantageux.

Les marchés, soumis à l'approbation du colonel, furent signés immédiatement après avoir vu les bénéfices ressortant du tableau ci-contre :

DENRÉES.	CONSOMMATION de l'année 1896.	PRIX DE L'UNITÉ 1896.	PRIX DE L'UNITÉ 1897.	MONTANT de la consommation annuelle 1896.	MONTANT de la consommation annuelle 1897.
		fr. c.	fr. c.	fr. c.	fr. c.
Saindoux (1)...........	8,760 k.	4 50	0 8184	13,440 00	7,189 185
Sel gris...............	10,182	0 16	0 44	1,613 12	1,411 48
Haricots (2)...........	13,000 l.	0 30	0 3275	3,900 00	3,406 00
Pois cassés............	5,000	0 45	0 38	2,250 00	1,520 00
Lentilles.............	5,000	0 55	0 35	2,750 00	1,400 00
Riz (3)...............	150	0 45	0 35	67 50	52 50
Macaroni (4)..........	1,120 k.	0 60	0 55	672 00	616 00
Vermicelle (4)........	2,200	0 65	0 55	4,130 00	1,210 00
Tapioca...............	1,200	0 90	0 55	1,080 00	660 00
Huile (5).............	2,450 h.	1 00	0 675	2,450 00	1,451 25
Vinaigre (6)..........	2,010 l.	0 30	0 40	603 00	804 00
Poivre en grains.....	180 k.	3 90	2 85	702 00	513 00
Thym.................	70	4 50	0 70	105 00	49 00
Laurier..............	70	4 50	0 70	105 00	49 00
Boules d'oignons.....	75	1 50	2 25	112 50	469 75
Ail..................	102	4 50	0 60	453 00	61 20
Savon blanc..........	1,040	0 60	0 52	624 00	540 80
Potasse..............	1,430	0 50	0 25	745 00	357 50
Pétrole (7)..........	14,000 h.	0 35	0 2613	4,900 00	3,658 20
Totaux.......				37,372 42	25,148 865
Bénéfice réalisé par la gestion directe......					12,223 555

RENSEIGNEMENTS GÉNÉRAUX.

(1) En 1896, le saindoux n'était que de la graisse alimentaire, additionnée d'huile végétale, revenant au fournisseur au moment de la distribution, à 50 francs les 100 kilogrammes. En 1897, le saindoux est du saindoux français pure graisse de porc, marque L. B. C., de Bernheim, à Vernon (Eure), délivré en tierçons de 150 kilogrammes, au prix de 84 fr. 50 les 100 kilogrammes, avec reprise des fûts à 4 francs, ce qui met le prix des 100 kilogrammes à 81 fr. 84.

(2) En 1896, les haricots étaient des haricots nains de deux ou trois ans, durs sous la dent, cuisant difficilement et gonflant fort peu. Les lentilles étaient des lentillons. Les distributions se faisaient au litre ne pesant que 800 grammes. En 1897, tous les légumes secs sont de l'année : les haricots sont de l'espèce dite *demi-larges*, haricots de pays, tendres sous la dent, cuisant très facilement et gonflant beaucoup ; les lentilles sont de la marque OOO et les pois cassés O. Le prix du litre est respectivement : haricots, 0 fr. 262 ; pois cassés, 0 fr. 304 ; lentilles, 0 fr. 28.

(3) Le riz de 1896 est dénommé riz à veau, celui de 1897 est du riz Java de première qualité.

(4) Les pâtes alimentaires de 1896 étaient de qualité très inférieure, formant une pâte informe à la cuisson. En 1897, les pâtes sont de première qualité ; le macaroni provenant des brisures et le vermicelle dit irrégulier.

(5) En 1896, l'huile était de l'huile blanche. En 1897, l'huile est de sézame, marque Crème de Jaffa, au prix de 70 francs l'hectolitre, avec reprise des fûts à 5 francs, ce qui ramène le prix de l'hectolitre à 67 fr. 50, le fût contenant deux hectolitres.

(6) Le vinaigre de 1894 était du vinaigre de bois, celui de 1897 est du vinaigre par vin de Dessaux à Orléans.

(7) Pétrole 1896, marque Lille et Bonnières, et en 1897, Paul Paix, même qualité. En 1897, le marché a été passé au cours au prix de l'hectolitre par wagon complet, majoré de 0 fr. 50, avec reprise des fûts à 5 francs. Le pétrole a trois cours présentant à l'hectolitre un écart très sensible. Prix de l'hectolitre, cours de P.-Paix, novembre 1896 : par wagon complet, 28 fr. 40 ; par 100 fûts, 28 fr. 80 ; par fût, 29 fr. 60.

La commission s'est réservée le droit de prendre le pétrole par fûts, en bénéficiant du tarif pour wagon complet. Il résulte qu'au cours actuel, le pétrole revient à 26 fr. 13 l'hectolitre ; 28 fr. 40 + 0 fr. 50 = 28 fr. 90 — 2 fr. 77 (reprise à 5 francs du fût contenant 180 litres) = 26 fr. 13.

Les commandes furent faites quelques jours après l'adjudication. Leur importance fut basée sur le dixième de la consommation annuelle.

Pour éviter tout emprunt aux bonis des compagnies, le payement aux fournisseurs fut arrêté au 5 du mois, suivant la livraison, des factures des livraisons faites du 25 au 25 suivant, de sorte que ces denrées, payées le 5, avaient été consommées le mois précédent et remboursées par les compagnies. Le réapprovisionnement a lieu le 25 de chaque mois.

Pour faciliter la surveillance du capitaine de distribution, le garçon épicier tient un registre des entrées et sorties où il mentionne les réceptions des denrées et le relevé des distributions journalières aux compagnies, que lui remet la veille le sergent de la commission. Tous les cinq jours, il fait la balance, qui permet de se rendre compte rapidement s'il y a des déficits.

Pour parer à ces déficits et aux aléas inévitables dans toute gestion, le prix des denrées fut majoré de quelques centimes, majoration qui les laissait à un prix bien inférieur à celui de l'ancien marché.

Comptabilité. — La comptabilité de l'épicerie donne lieu à l'établissement des pièces suivantes :

Tous les jours. — Relevé par compagnie des bons des compagnies à remettre au garçon épicier, qui prépare à l'avance, dans le casier de chaque compagnie, la distribution du lendemain et porte en sortie le total du relevé à son registre d'entrées et sorties. Inscription des bons sur les registres de distribution des compagnies et des livraisons sur le registre d'entrées et sorties de la commission.

Tous les cinq jours. — Arrêté par le garçon épicier de son registre. Bordereau par compagnie des sommes dues pour fournitures d'épicerie, sommes retenues sur le prêt et portées en recette par le trésorier au registre des fonds divers, conformément à la note ministérielle, n° 141, du 21 avril 1892 (*B. O.*, P. R., 1.92, p. 478).

Le 25 de chaque mois. — Bordereau récapitulatif par fournisseur de toutes les factures dues du 25 au 25 et payables le 5 du mois suivant, renfermant, pour chaque fournisseur, une pièce de dépense détaillant les factures à payer.

Faire les commandes aux fournisseurs pour réapprovisionner pour un mois l'épicerie, d'après le reliquat en magasin.

Tous les mois. — Inscription des sorties, d'après le total des registres des distributions des compagnies, et balance avec les entrées. Compte rendu sommaire des opérations de la commission pendant le mois (art. 44 et 45) du règlement sur les ordinaires, et relevé de la consommation mensuelle des compagnies.

Les résultats du premier trimestre ont été des plus satisfaisants. Aucun déficit n'a été constaté, grâce à une active surveillance et au personnel de choix chargé de la gérance. La majoration des denrées fait ressortir un bénéfice de 1238 francs. La reprise des fûts par les fournisseurs s'est chiffrée à 231 francs, recette qui paye à peu près les frais de première installation : 277 fr. 20.

Compte rendu des opérations du 1er trimestre 1897.

DATES des OPÉRATIONS.	DÉTAIL DES RECETTES ET DÉPENSES	RECETTES.	DÉPENSES.
		fr. c.	fr. c.
Janvier 1897...	Recettes du mois de janvier............	4,483 71	
Février 1897...	— — février............	4,384 20	
Mars 1897.....	— — mars.............	4,514 37	
Id..........	Somme due par le casernement pour fourniture de pétrole...............	40 60	
»	Valeur des denrées en magasin au 31 mars.	3,146 57	
23 janvier 1897.	Payement de la facture Oswald........		23 00
5 février 1897.	Échéance du 5 février...............		4.074 40
5 mars 1897..	— 5 mars...............		4,522 25
5 avril 1897...	— 5 avril...............		4,191 45
»	Factures à payer le 5 mai............		2,550 35
	Totaux pour le 1er trimestre ...	16,596 15	15,358 45
	Les dépenses sont de..........	15,358 45	
	Bénéfice........	4,238 00	

OBSERVATION. — Dans ce bénéfice des 1238 francs, la reprise des fûts vides figure à elle seule pour la somme de 231 francs, se décomposant comme suit :

Reprise de 28 fûts à pétrole à 5 francs, soit... 140 francs
—   19 fûts à saindoux à 4 francs, soit.. 76 — } 231 francs.
—   2 fûts à huile à 5 francs, soit..... 10 —
—   1 fût à vinaigre à 5 francs, soit... 5 —

Dans la dépense, 15,358 fr. 45, figure la somme de 54 fr. 30 pour achat de papier et sacs en papier.

Le tableau comparatif des bénéfices probables, établi avec la consommation réelle de 1897, fait ressortir un bénéfice de 20,781 fr. 31, c'est-à-dire que, pour avoir la même quantité de denrées (sans tenir compte de la qualité), la commission aurait payé 61,068 fr. 31

à l'ancien fournisseur, tandis que celle-ci n'a déboursé que 40,587 francs.

Les nouveaux marchés d'ordinaires pour 1898 font prévoir un nouveau bénéfice supplémentaire de 5,000 francs.

La situation de fin d'année, facile à établir en fin de novembre d'après la balance du mois, fait ressortir un bénéfice argent de : 2,985 fr. 71, provenant de la plus-value donnée aux marchandises pour parer aux aléas, somme à répartir entre les compagnies au prorata de leurs achats, après payement intégral des dépenses suivantes :

Installation première (boiserie)...............	87f20
Matériel d'installation et autre................	268,65
2 grillades..................................	134,00
1 étouffoir.................................	33,80
1 voiture pour transporter les vivres à Taupin......	60,00
Papier.....................................	189,50
Garnitures en cuivre pour les fourneaux de cuisine...	246,00
Taille-soupe................................	227,30
Four François Vaillant.......................	854,55
Total.....	2,101f71
Restant en caisse, fin novembre................	2,561f82
Recette probable, fin décembre $\dfrac{2.101^f00 + 2561^f82}{11} =$	423,89
Somme à répartir.....	2,985f91

La plus-value des marchandises a donc donné :

$$2985.71 + 2101 = 5,086 \text{ fr. } 71,$$

somme plus que suffisante pour parer à une gestion.

Les bonis n'ont fait qu'augmenter ; grâce à la qualité supérieure des denrées, la consommation s'est accrue d'une façon très sensible, comme le fait ressortir le tableau suivant, comparaison du premier trimestre 1897 avec le mois de décembre 1896, l'effectif de ces quatre mois ayant été à peu près le même.

En examinant ce tableau, nous remarquons que si le pain a baissé, les pâtes d'Italie, tapioca et vermicelle, n'ont cessé d'augmenter ; la consommation de viande a subi peu de variation ainsi que les légumes frais, sauf pour les choux diminués de moitié ; la consommation des légumes secs et des pâtes alimentaires s'est accrue très sensiblement ainsi que celle du saindoux, de l'huile et du vinaigre. Le riz seul fait exception à la règle, probablement à cause de son prix plus élevé que celui de l'administration, bien que sa qualité compense largement la différence de prix.

Pour ne pas laisser progresser indéfiniment leurs bonis, les

MOIS.	PAIN.	PÂTES D'ITALIE.	TAPIOCA.	VERMICELLE.	BŒUF.	MOUTON.	POMMES de terre.	CHOUX.	CAROTTES.	OIGNONS.	LENTILLES.	POIS CASSÉS.	HARICOTS.	MACARONI.	NOUILLES.	RIZ.	SAINDOUX.	VINAIGRE.	HUILE.
Décembre............	4.487	»	43	139	9.039,4	2.196,6	28.455	2.268	3.460	1.290	979,0	878,0	1.567,0	350,5	»	71	912,0	447	140
											783,2	702,4	1.253,6						
(totaux partiels)			182		11.287						2.739,2								
Mars..........	4.150	67	89,5	173,2	11.003	1.887	30.445	1.109	3.930	1.393	797,0	914,0	1.343,0	318,0	186	49	1.032,5	179	197
(totaux partiels)			302,7		12,890						3.054			504					

MOIS.	PORC FRAIS.	SAUCISSES.	BOUDIN.	ANDOUIL- LETTES.	CERVELAS.	PÂTÉ.	TÊTE de porc.	CHAIR à saucisses.	LARD de poitrine.	SAUCISSES de Strasbourg.	TOTAUX.
Janvier..............	676,6	414,8	569,5	»	73	173	105	101,5	81,9	60	2.285,3
Février.............	972,5	407,5	414,0	»	20	101	112	44,0	83,0	65	2.489,0
Mars................	923,0	416,5	849,0	233	»	101	84	»	79,0	98	2.283,0

commandants de compagnies améliorent l'alimentation au moyen de salades, de desserts variés : fromages de Brie, de Camembert, etc., figues, pruneaux, abricots, confitures variées, etc.

Conclusion. — Comment hésiter dans le mode de gestion après des résultats aussi palpables, non seulement au point de vue financier, mais surtout au point de vue de la qualité des denrées qui a été la première préoccupation de la commission.

Cependant, après quelques années de gestion directe, beaucoup de corps renoncent à ce système pour retomber entre les mains d'un fournisseur quelconque.

Tout le mal provient de notre règlement sur les ordinaires.

Quelle est, en effet, la société coopérative qui pourrait progresser ei même se maintenir en changeant trois fois par an son directeur et les membres de son conseil ? C'est cependant ce qui existe actuellement pour les commissions d'ordinaires. Il faudrait une direction unique, aidée d'un conseil, ne se modifiant qu'en fin d'année ou plutôt en fin d'exercice. On pourrait maintenir le système actuel en ne renouvelant les membres que tous les ans. Le chef de bataillon, le 1er juillet avec deux capitaines, les deux autres, le 1er janvier. Le chef de bataillon aurait ainsi le temps de préparer l'étude des nouveaux marchés dont l'époque la plus favorable pour le renouvellement est fin novembre ou commencement de décembre.

Mais, depuis l'autonomie des compagnies, la tâche des capitaines commandants s'est accrue dans de telles conditions, que l'on ne peut songer à les distraire de leurs importantes occupations en les chargeant d'une mission qui nécessite beaucoup de temps, de surveillance et l'étude de connaissances spéciales.

Pourquoi ne pas transformer la commission des ordinaires en conseil d'alimentation ayant comme membres :

Le lieutenant-colonel, président, qui serait chargé spécialement dans le régiment de la haute direction de l'alimentation et de toutes les questions s'y rattachant : fonctionnement des cuisines, instruction technique des cuisiniers, amélioration dans l'alimentation, etc.;

Un chef de bataillon, spécialement chargé de la surveillance des divers services et de la comptabilité;

Les trois capitaines adjudants-majors qui, par l'organisation actuelle, n'ont aucun emploi deux semaines sur trois. Ils paraissent d'autant plus aptes à ces fonctions que, pendant leurs années de commandant de compagnie, ils ont pu constater les lacunes existantes ou améliorations désirables dans le bien-être de leurs hommes.

L'un serait chargé de la gestion directe : réception des denrées, relations avec les fournisseurs, surveillance des approvisionnements, etc.; le deuxième serait chargé de l'étude des mercuriales, des cours, de l'établissement du cahier des charges, de la publicité, etc.; le troisième aurait la surveillance technique des cuisiniers : réparations et améliorations du matériel, surveillance de la préparation des aliments, direction de cours pratiques aux élèves-cuisiniers pendant les après-midi d'été.

Le conseil d'alimentation serait complété par un capitaine de compagnie comme au conseil d'administration pour représenter les commandants de compagnie et faire part de leurs desiderata.

Un médecin ferait également partie du conseil aux mêmes conditions qu'actuellement. Les distributions seraient surveillées par un capitaine de compagnie, changé chaque semaine, comme pour les distributions de l'administration.

Cette modification s'impose; la plus grande amélioration peut en dépendre pour le bien-être du soldat.

Cuisinier. — Une des plus grandes difficultés de l'alimentation réside dans le choix et la bonne volonté du cuisinier.

Avec le régime alimentaire ordinaire, le cuisinier est un employé ayant quelquefois plus d'argent de poche qu'un sous-officier et, en résumé, peu de fatigue. Une fois les aliments dans la marmite, l'aide-cuisinier entretient les fourneaux pour la cuisson de la soupe grasse ou des ratas, et le cuisinier en pied se prélasse en fumant force cigarettes, en lisant quelques mauvais romans, ou passant son après-midi à dormir ou à la cantine. Sa seule peine est à l'heure des repas, la répartition des aliments entre les plats et le vieil errement du découpage de la viande en portions. Il ne faut donc pas s'étonner si l'emploi de cuisinier, en dépit de son costume peu séduisant, est recherché par quelques soldats. Peu d'ennuis, pas beaucoup de travail et autant d'argent de poche qu'un sous-officier. (A Péronne, 0 fr. 62 le cuisinier; 0 fr. 55, la pension payée, le sergent.)

Il en est tout autre avec l'alimentation variée : le cuisinier est obligé de surveiller ses marmites pendant la cuisson et même quelquefois de rester des heures entières près de son fourneau pour la préparation de certains plats.

Il en résulte dans les débuts quelques à-coups imputables souvent à l'ignorance culinaire du caporal d'ordinaire et du cuisinier, à l'inertie de ce dernier qui goûte peu ce surcroît de besogne et bien souvent aux plaisanteries des autres cuisiniers, craignant de voir leur *farniente* troublé par le succès de leur camarade.

Il faut, dans les commencements, exercer une grande surveillance, guider dans les moindres détails le cuisinier et imposer le succès par sa volonté. Le règlement parle de l'emploi des cuisiniers-chefs. Bien peu de professionnels restent dans leurs compagnies pour y faire leur service; d'ailleurs, nos habitudes culinaires leur conviennent peu ou point. Généralement, le cuisinier n'a d'autres connaissances que celles acquises dans nos cuisines après un ou deux stages d'aide-cuisinier. On pourrait, il nous semble, obtenir de meilleurs résultats, sans en arriver au système anglais d'une école de cuisiniers militaires, en choisissant dans le contingent, chaque année, quatre ou cinq hommes par compagnie, destinés à devenir cuisiniers de compagnie auxquels on donnerait quelques notions culinaires pendant les après-midi d'été, soit dans les cuisines de nos hôpitaux militaires, soit dans les cuisines régimentaires, par un cuisinier-chef de régiment bien choisi ou par une cantinière.

Pour tous les exercices militaires, on forme des instructeurs munis de règlements leur servant de guides : prévôts d'escrime, moniteurs de gymnastique, etc.; seuls, les cuisiniers sont laissés à leur habitude routinière. Il serait urgent de les munir d'un manuel de cuisine simple et pratique. L'annexe I du règlement sur la gestion des ordinaires en est une tentative trop peu connue des intéressés et insuffisante (1).

Matériel. — Le nouveau fourneau de cuisine F. Vaillant avec deux marmites en tôle d'acier et une étuve pour tenir au chaud les aliments, installé à la caserne Watrin, est excellent. Il n'a qu'un défaut, son manque de four pour faire des rôtis et sa hauteur au-dessus du sol. Le cuisinier est obligé de se coucher sur le fourneau pour surveiller la cuisson ou retirer ses marmites, et ne peut se tenir propre. L'établissement autour du fourneau d'une galerie en cuivre et d'une claie à claires-voies comme dans les salles de bain, avec évidement pour la porte du foyer a fait disparaître ces inconvénients.

A Beauvais, l'alimentation variée a été facilitée par l'achat de deux grandes grillades dont le prix de revient est de 150 francs environ. Deux fours-cuisinières François Vaillant pour 700 et 550 hommes ont été achetés comme les grillades sur les bénéfices réalisés par la commission des ordinaires sur l'épicerie.

On a fait également l'acquisition d'un coupe-pain (la soupe

---

(1) Consulter *Nouvelle cuisine militaire*, par E. HOEFFELÉ. — Librairie Sidot, Nancy.

trempe d'autant mieux que le pain est plus rassis et coupé fin et régulièrement). Quelques compagnies ont acheté un hache-viande dont le prix de revient est de 18 fr. 50, dépense minime pour le boni des compagnies.

A Péronne, le matériel est succinct, ancien système Choumara avec marmites en fonte et pas de four. Avec ce matériel sommaire, on peut obtenir une grande variété avec trois marmites.

Toutes les compagnies font usage d'un matériel de réfectoire : de plats, de louches et d'assiettes, quelques-unes ont doté chaque escouade d'un couteau et d'une fourchette à découper. Les plats sont au nombre de trois, de forme cylindrique, en métal et avec poignées. Le plus grand, formant soupière, est recouvert par les deux autres, s'emboîtant et servant aux légumes et à la viande. Un couvercle ferme hermétiquement le plat supérieur. Ce matériel de réfectoire est indispensable pour assurer une bonne alimentation variée. (Bersot à Besançon.)

Conséquences d'un matériel de réfectoire. — Jusqu'en 1852, les soldats mangeaient tous ensemble dans le même plat. Ordinairement, il ne restait rien ou fort peu de chose ; les forts mangeurs se chargeaient de finir le plat. Par contre, les estomacs délicats souffraient de cette promiscuité ; étant vite dégoûtés des façons plus ou moins propres de leurs commensaux, quittaient le plat après quelques bouchées et se nourrissaient insuffisamment.

L'adoption de la gamelle individuelle fut un grand progrès, mais la suppression de la gamelle commune ou plat qui en fut la conséquence amena un grand gaspillage des aliments.

En effet, les estomacs délicats ou les petits mangeurs ne finissaient pas leur gamelle et jetaient le surplus aux eaux grasses ; les forts mangeurs, qui dévoraient leur gamelle, n'osaient pas terminer, par fausse honte, la gamelle de leurs camarades et sortaient de table avec le ventre insuffisamment garni. Dans sa dernière visite à Péronne, M. le général de brigade Sonnois nous racontait qu'à ses débuts dans la carrière militaire, un capitaine du train des équipages, frappé d'entendre certains hommes se plaindre d'être insuffisamment nourris, bien que beaucoup d'aliments fussent déversés aux eaux grasses, avait acheté des soupières et des plats dont on se servait avec la petite gamelle. Rien ne restait dans les soupières, chacun de ses hommes se servait suivant son appétit. Les plaintes cessèrent immédiatement.

Ce système n'est autre que celui adopté de nos jours : la gamelle individuelle remplaçait nos assiettes.

Grâce aux plats et au matériel de réfectoire en usage au régiment, on peut varier l'alimentation, puisque l'on peut servir aux hommes séparément une soupe et deux plats. L'insuffisance du matériel de réfectoire avait une grande influence sur la préparation des aliments.

Des divers plats. — Anciennement, lorsque les hommes mangeaient encore à la gamelle individuelle, le choix des plats était des plus limité, la gamelle ne pouvant recevoir qu'une soupe ou un ragoût. Cette obligation de mettre soupe et viande dans le même récipient, et la préparation peu fatigante de la soupe grasse l'avait mise en grand honneur à l'exclusion de toute autre soupe dans l'alimentation militaire, bien que dans les familles le pot-au-feu ne soit mangé qu'une ou, tout au plus, deux fois par semaine. Jamais le soldat ne mangeait de bonne soupe aux légumes, sa nourriture journalière avant son entrée au service.

Le bouillon d'une bonne soupe grasse renferme pour un litre :

Eau......................	972 grammes	
Matières minérales..........	11 —	1000 grammes.
Matières organiques.........	17 —	

Sur ces 17 grammes, 11 seulement sont fournis par la viande (le reste provenant des légumes) et consistent en principes albuminoïdes très peu nourrissants. Il faut donc se défaire de ce préjugé si fortement enraciné, touchant les propriétés nutritives du bouillon gras. On peut le rendre plus nourrissant par l'adjonction de pâtes alimentaires : pain, tapioca, etc.

Bien que peu nourrissant par lui-même, le bouillon aide à la digestion des aliments en pénétrant dans la circulation et en rapportant les matériaux nécessaires à la sécrétion du suc gastrique.

La tradition suivie depuis des siècles, qui veut qu'on prenne du potage avant le repas, se trouve donc confirmée par son rôle dans la digestion.

Une soupe avant chaque repas ne peut donc être qu'utile dans l'alimentation du soldat.

Les autres plats se composaient de : bœuf-mode, ragoûts divers ou ratas, comprenant à la fois : haricots, pommes de terre, macaroni et rarement des rôtis.

Améliorations dans la préparation de la soupe grasse. — Une des plus grandes améliorations à réaliser pour la préparation de la soupe grasse est la suppression du découpage de la viande en portions.

Pour découper 150 portions, il faut sortir la viande une heure avant celle du repas. La graisse est alors figée et n'est pas mangée, le bouilli s'est durci extérieurement et, par suite, est servi d'une façon peu appétissante. Le système suivant, mis en essai à la

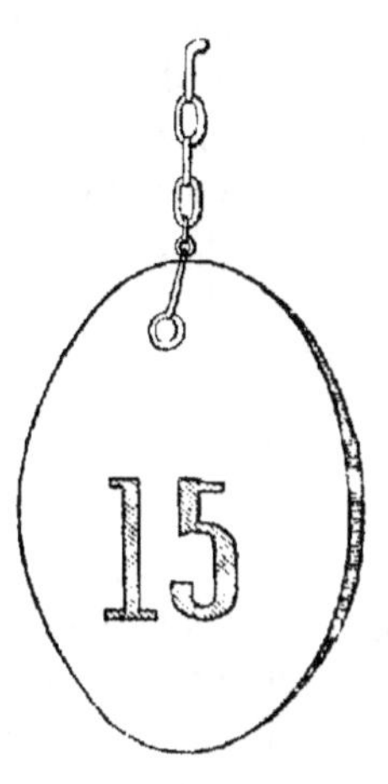

11e compagnie, a donné d'excellents résultats ; la viande est désossée crue, pesée et répartie en poids et en qualité proportionnellement à l'effectif de chaque escouade. Chaque lot de viande est ficelé, comme le font les bouchers pour les rôtis. Pour reconnaître les morceaux, on attache à la ficelle le numéro de l'escouade (petite plaque de fer-blanc découpée au numéro de l'escouade, avec petite chaînette de gamelle individuelle terminée par un anneau).

Lorsque la compagnie est de garde, il est fait neuf lots (le neuvième avec la lettre S = service), toujours proportionnellement à l'effectif. Les os sont déposés au fond de la marmite, la viande par-dessus.

Les légumes sont renfermés dans des filets avant d'être mis dans la marmite. Au moment de tremper la soupe, on a soin de sortir les filets renfermant les légumes, fixés à une poignée de la marmite, et la presque totalité du bouillon. On laisse suffisamment de bouillon pour que la viande baigne. Cinq minutes avant l'heure de la soupe, le cuisinier retire lui-même la viande, met chaque morceau dans le plat correspondant de l'escouade, répartit les os entre les plats et verse le bouillon restant dans les soupières. Le plat de viande, placé entre la soupière et les légumes, la maintient très chaude et arrive fumante sur la table. Chaque escouade est munie d'un couteau et d'une fourchette à découper et la répartition est faite par le caporal dans sa petite famille. Les abus ne sont pas plus à craindre avec ce système qu'avec l'ancien : quand la viande arrive toute découpée par portions, qui empêche le caporal ou les anciens soldats de choisir la meilleure portion dans le plat ?

D'ailleurs, les capitaines et les officiers de compagnie, en passant dans les chambres de temps en temps aux heures des repas, font disparaître ces petits inconvénients. Les partisans du découpage de la viande en portions emploient journellement le second système (répartition par le caporal) chaque fois qu'il y a rôti. Pourquoi ne font-il pas de portions pour le rôti ? Le nouveau système offre de tels avantages pour l'alimentation, toute la viande étant mangée et surtout le gras, qu'il nous paraît devoir être préféré à l'ancien.

Rôti. — A Péronne, comme nous l'avons déjà dit, il n'y a pas de four. Pour faire un rôti, il faut transporter en ville chez un boulanger les plats tout préparés. Lorsqu'on va les chercher, le boulanger, généralement peu soigneux, vous rend de la viande souvent desséchée et même presque carbonisée. La portion est peu appétissante et fort minime. Le système suivant est de beaucoup préféré par les hommes : la viande est désossée crue, les os mis dans la soupe maigre du repas. On découpe la viande en biftecks, que l'on bat avec un gros battoir pour les rendre plus tendres, on les plonge dans la graisse bouillante de la marmite et on les retire dix ou vingt minutes après, suivant l'épaisseur du morceau. De la sorte, la viande saisie conserve intérieurement ses principes nutritifs et ne diminue pas trop de poids et de volume. La ration de viande a été fixée par le colonel à 325 grammes, mais, comme nous le démontrerons plus loin lorsque nous parlerons du fromage, il serait avantageux d'autoriser les commandants de compagnie de temps en temps à ramener la ration à 300 grammes et à remplacer ces 25 grammes de viande par du fromage de même prix. A Beauvais, on peut faire manger aux hommes des tripes toutes préparées à la mode de Caen, dont le prix de revient est bien inférieur à celui de la viande, qui, servies de temps en temps pendant l'hiver, sont très goûtées. Les cuisiniers les préparent eux-mêmes actuellement dans les marmites.

Viande de conserve (1). — Le jour de viande de conserve est généralement peu en faveur auprès des soldats ; cependant, on peut rendre cette viande très appétissante. Quatre préparations sont employées à la compagnie, dont les deux premières sont généralement usuelles partout :

1° En salade ;
2° En miroton ;
3° Au gratin ;
4° En boulettes.

Nous ne parlerons pas des deux premières préparations. La troisième consiste à mélanger cette viande à une purée de pommes de terre et à la faire gratiner au four. La quatrième est la plus pré-

____

(1) Lire la notice sur la préparation des viandes de conserve, *B. O.*, v. s., 7 novembre 1898, p. 220.

férée. On envoie la viande de conserve chez le charcutier qui la transforme en hachis de viande avec son hache-viande, et la mélange avec de la chair à saucisses, oignon, sel, poivre, etc. Ainsi préparée, le cuisinier en fait des boulettes qu'il roule dans la farine et fait dorer dans la graisse chaude de la marmite. Cette préparation est onéreuse, par suite du manque de hache-viande dans nos cuisines (1). Le charcutier, pour se rémunérer de sa peine, augmente chaque kilogramme de chair à saucisses de 0 fr. 40. Pour 100 hommes, on emploie 9 kilogrammes de viande de conserve (on réalise de ce fait l'économie de 1 kilogramme de viande qui vous indemnise en partie de l'achat de chair à saucisses et, au bout de quelques prêts (9), vous économise un repas de viande fraiche) et 2 kilogrammes de chair à saucisses. C'est donc une dépense de 0 fr. 80 qu'il serait facile d'éviter par l'achat d'un hache-viande dont le prix serait vite récupéré au bout de peu de temps. La dépense de ce fait est donc de 1 fr. 20 par prêt pour 150 hommes et, par conséquent, de 12 francs à Beauvais. Un hache-viande coûtant 18 fr. 50, on voit que, au bout d'un prêt et demi, les compagnies éviteraient par cet achat une dépense de 6 francs par mois.

Veau. — Les parties de veau distribuées par le boucher permettent rarement de le préparer en rôti accompagné d'un plat de nouilles, mais plus souvent en blanquette; préparation très appréciée des hommes et qui a le grand avantage de leur faire manger beaucoup de pain.

Mouton. — Le mouton ne doit pas être trop gras.

Il est ordinairement préparé en ragoût avec des pommes de terre ou des haricots.

Porc frais, charcuterie (2). — Le porc frais maigre, coupé en tranches fines, saisi dans la graisse bouillante et mijotant dans une sauce piquante aux cornichons, forme un excellent plat. Le boudin, les petites saucisses, les andouilles de campagne et les saucisses de Strasbourg avec la choucroute sont très appréciés.

Lapin. — Le lapin, servi en civet, avec des pommes de terre,

---

(1) L'achat des hache-viande a été autorisé par la circulaire ministérielle du 7 novembre 1898, *B. O.*, p. s., p. 220.

(2) Il faut se montrer très circonspect, de l'avis de tous les hygiénistes, des plats de charcuterie, à moins d'être certain de la fourniture par les maisons de toute confiance, ce que l'on peut obtenir facilement en passant un marché régulier, comme pour toutes les autres denrées, pour la charcuterie. (Lire la circulaire ministérielle du 8 avril 1899, *B. O.*, p. 201.)

est un plat très abordable comme dépense. Donné chaque dimanche soir aux hommes, il est toujours mangé avec plaisir.

Oie, dinde, pigeon, etc. — L'oie et la dinde font d'excellents ragoûts. Le pigeon, dont la paire ne coûte que 1 franc à 1 fr. 50, saisi dans la graisse et cuit dans une sauce brune relevée, est servi aux hommes à raison d'un demi-pigeon comme ration.

Œufs. — Les œufs sont préparés à la tripe.
Les plats d'épinards et d'oseille sont servis avec des œufs durs à raison d'un œuf par homme.

Poisson. — A Péronne, on peut faire manger du poisson de rivière tel que le brochet (1 fr. 60 le kilogr.); la friture (0 fr. 80). Dans toutes les garnisons, on pourrait faire manger de la morue, mais généralement les essais de plats de morue sont désastreux. La raison en est simple : les cuisiniers ne savent pas faire cuire la morue. La morue doit être prise deux jours avant d'être mangée, mise dans l'eau renouvelée deux fois par jour pour la dessaler et placée avec de l'eau froide dans la marmite. Quand l'eau entre en ébullition, il faut retirer la marmite du feu, la recouvrir de serviettes et laisser la morue dans son eau pendant un quart d'heure. Au bout de ce temps, on la retire, on la dépiaute facilement si on le désire, on la met dans les plats avec, autour, des pommes de terre cuites à l'étuvée et on arrose le tout d'une sauce dite *à la pauvre homme* : graisse, farine, échalote, oignon, persil et eau ou bouillon. Dans certains corps, des marchés passés avec des fournisseurs en gros de ports de mer permettent de donner une fois par semaine du poisson de mer frais : raies, merluches, etc.

Légumes frais. — Les légumes herbacés, moins nutritifs que les féculents, sont utiles au bon fonctionnement de l'intestin et agréables. Bien rares sont les occasions permettant de faire manger aux hommes des légumes frais. Il est cependant quelquefois facile d'y arriver. Chaque samedi, il y a grand marché à Beauvais, et l'été, des marchandes de légumes en gros vendent sur la place des wagons de choux-fleurs, choux rouges, etc.; sur le soir, il leur reste souvent des stocks de ces légumes qu'ils cèdent à bon compte pour ne pas avoir la peine de les remporter. Bien souvent, notre caporal d'ordinaire a pu ainsi se procurer de beaux choux-fleurs au prix de 0 fr. 05 à 0 fr. 10 pièce, avec lesquels il faisait une bonne soupe avec l'eau de cuisson mélangée d'oseille et un plat de légumes peu onéreux et cependant très recherché des soldats.

A Péronne, le détachement possède un jardin potager très étendu pour deux compagnies. A partir de la mi-juin, pendant les mois de juillet et août, le jardin assure tous les légumes frais : petits pois, haricots verts, oseille, épinards, salade, pommes de terre nouvelles, etc.. et fournit une grande quantité de choux, salades, haricots, pendant les premiers mois de l'hiver.

Pommes de terre. — La pomme de terre est un aliment de très petite valeur nutritive. Elle ne devient vraiment nourrissante que lorsqu'elle est consommée avec du beurre, du saindoux, du lard, de l'huile, ou cuite en ragoût avec la viande, elle constitue une ressource alimentaire précieuse. Elle a l'avantage sérieux de ne jamais amener la satiété, grâce aux nombreuses combinaisons culinaires auxquelles elle se prête, de coûter un prix abordable à toutes les bourses et de garnir l'estomac. Mais de toutes les préparations de la pomme de terre, le soldat préfère de beaucoup les pommes

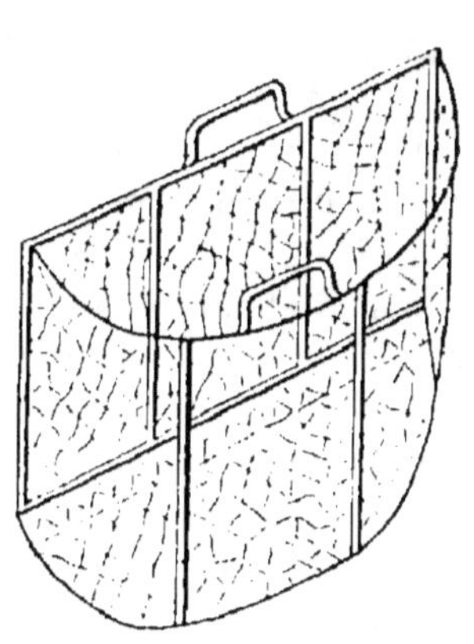

de terre frites. Cette préparation nécessite la construction d'un appareil fort simple et peu coûteux qui consiste en deux paniers superposés s'adaptant intérieurement à la marmite Choumara. Ces paniers, d'une hauteur d'une demi-marmite, sont formés d'un bâtis en fer complété par un treillage en fil de fer et sont munis de deux poignées à charnière. Quand la graisse (4 kilogr. environ) est bien chaude, on descend dans la marmite le panier inférieur rempli à moitié de pommes de terre coupées en rondelles. Au bout de 10 à 12 minutes, on retire le panier, on verse les pommes de terre frites dans le deuxième panier supérieur qui repose sur le premier, quand il est remis de nouveau dans la marmite avec un nouveau lot de pommes de terre. On a soin, pendant la cuisson, de mettre deux serviettes sur la marmite pour éviter que les pommes de terre déjà frites ne se dessèchent et ne perdent de leur chaleur. On peut, de cette façon, préparer en une heure et demie 40 kilogrammes de pommes de terre pour 100 hommes et les leur servir chaudes.

Cet appareil peut également servir pour la cuisson des pommes de terre en robe que l'on sert ensuite en salade ou sautées, ou simplement mises autour de la morue.

La pomme de terre n'est véritablement appétissante que lorsqu'elle est cuite à l'étuvée. Pour préparer des pommes de terre en robe, on place au-dessous du panier qui a servi aux pommes de terre frites un petit trépied en bois de 15 centimètres de haut environ, baignant dans l'eau chaude, on verse les pommes dans le panier jusqu'à ce que la marmite soit remplie et on recouvre le tout d'un vieux morceau de drap ou de plusieurs serviettes. L'eau, en bouillant, s'évapore et les pommes de terre sont ainsi cuites à la vapeur d'eau trois quarts d'heure ou une heure après.

Il ne reste plus qu'à enlever la peau, les couper en morceaux ou les mettre dans le plat suivant la préparation que l'on désire.

Pendant l'hiver, des pommes de terre cuites avec de la choucroute sont très appréciées du soldat. Pour pouvoir mettre plus de pommes de terre, on peut remplacer le trépied et le panier en fil de fer par une petite couche de branchage de fagots servant à allumer le feu.

Légumes secs. — Tous les légumes secs constituent généralement, avec les pommes de terre, la base du plat de légumes; les haricots sont le plus en faveur.

Les lentilles seraient aussi appréciées, si l'on prenait la peine de les toucher deux ou trois jours à l'avance et de faire enlever les petits cailloux et les mauvaises graines l'après-midi par quelques malingres ou malades à la chambre sous la surveillance du caporal de semaine ou d'ordinaire. Pour relever le goût de ces légumes, Schindler recommande de les mélanger avec la graisse imprégnée de l'arome du rôti et de n'ajouter le poivre qu'au dernier moment, la cuisson lui faisant perdre sa force et son piquant. Schindler ajoute que ces détails peuvent paraître fastidieux, mais ils ont, en réalité, une énorme importance et s'appliquent à presque toutes les préparations.

Pâtes alimentaires. — Les pâtes alimentaires sont peu goûtées de nos hommes provenant des campagnes. Cette répugnance tient généralement à trois causes :

    1° Le manque d'habitude ;
    2° La mauvaise préparation ;
    3° La qualité inférieure des pâtes.

Il faudra donc se montrer très réservé de macaroni et de nouilles, remplaçant le plat de légumes, dans les premiers mois de l'incorporation, et n'en servir que deux ou trois fois par mois plus tard tout au plus. Quant à la préparation, elle est simple : il faut faire cuire le macaroni dans l'eau salée, d'ailleurs comme tous les légumes, le cuisinier doit surveiller sa cuisson dont la durée varie entre une demi-heure et trois quarts d'heure, les tubes de macaroni devant rester entiers. Quand on possède un four, après avoir retiré le macaroni de la marmite, on le dispose dans les plats préalablement empreints de graisse par couches recouvertes de fromage râpé ; on saupoudre le dessus de chapelure.

Quant au vermicelle et au tapioca, les hommes les apprécient dans la soupe, à la condition qu'on n'ait pas exagéré le temps de la cuisson, 20 minutes à peine. Le cuisinier doit avoir soin de remuer le bouillon pour que le vermicelle ou le tapioca ne prennent pas au fond de la marmite.

Riz. — Le riz est également peu goûté de nos hommes. Le temps de cuisson est généralement exagéré. Pour faire crever une marmite de riz, il faut au maximum trois quarts d'heure. On le retire de la marmite dans laquelle on fait fondre beaucoup de graisse qui a servi à la cuisson de la viande et revenir beaucoup d'oignons. On remet le riz dans la marmite ; le cuisinier a soin de le remuer en y ajoutant un peu de poivre de Cayenne pour en relever le goût. Après un quart d'heure de cuisson, le riz peut être servi. On peut également le préparer au lait, mais les hommes lui préfèrent généralement la préparation précédente. Quant au riz mis dans la soupe, il faut le faire crever dans des sphères treillagées dont le prix est modique.

Fromage. — Comme nous l'avons déjà dit précédemment, le fromage est un albuminoïde de première qualité et devrait faire partie de l'alimentation normale du soldat.

Au 51e, la ration de viande est de 325 grammes, ce supplément de 25 grammes coûte à l'ordinaire, pour 100 hommes,

$$2^k,500 \times 1 \text{ fr. } 29 = 3 \text{ fr. } 225,$$

la viande comprenant 20 p. 100 d'os, les 100 hommes ne mangent que 2 kilogrammes revenant à 3 fr. 225.

A Péronne, le fromage dit *Rollot* (forme ronde) d'une épaisseur de 3 centimètres environ et d'un diamètre de 9 centimètres coûte 0 fr. 28 et pèse 2 kilogrammes à 2 kilogr. 200 la douzaine.

Pour 3 fr. 225, prix du supplément de viande, on aurait 11 fromages 1/2 Rollot d'un poids moyen de 175 grammes, soit 2 kilogr. 090, c'est-à-dire un même poids de fromage que de viande.

Or, si nous comparons la valeur alimentaire de la viande et du fromage, nous obtenons :

	Albuminoïdes.	Graisse.
2 kilog. de viande..........	350 grammes	200 grammes.
2k,090 de fromage..........	688 —	522 —

Le fromage a donc une valeur alimentaire presque double de celle de la viande et a de plus le grand avantage de faire manger aux hommes beaucoup de pain.

Il serait donc avantageux à tous les points de vue de transformer de temps en temps le prix de ces 25 grammes supplémentaires de viande en un morceau de fromage que les hommes apprécieraient avec le plus grand plaisir, surtout les jours de grandes fatigues.

Pain. — Un des plus grands résultats de l'alimentation variée est de faire manger tout son pain au soldat. Avec l'ancien système, l'homme n'en consommait qu'une partie, étant obligé de le manger sec, et rassasié déjà par la trop grande quantité de pain de soupe. Il jetait le surplus aux eaux grasses ou le vendait. Lorsque le soldat reçoit du fromage ou des aliments qui lui facilitent l'usage de pain, il consomme généralement sa ration entière.

Dans les premiers mois de l'incorporation, la ration de pain de table est à peine suffisante, les jeunes gens de la campagne étant habitués à en manger beaucoup plus. Cet appétit de nos jeunes recrues ne dure généralement que trois mois environ et est dû, en majeure partie, aux exercices physiques et au changement de nourriture. Les allocations de pain se balançant en fin d'année, les capitaines devraient avoir la liberté de percevoir, le quatrième trimestre, une partie des économies qu'ils ont réalisées pendant les trois premiers trimestres.

Il n'en est pas de même pour le pain de soupe; la ration de 100 grammes pour une soupe est de beaucoup exagérée, les hommes ne les mangent pas et les laissent dans la soupière; 50 grammes par homme sont suffisants.

Le pain de soupe n'est généralement pas mangé parce qu'il est mal coupé et qu'il est trop frais. Le bon pain de soupe doit être très rassis et coupé en tranches fines. Il trempe ainsi bien mieux et ne se change pas en pâte indigeste. L'achat d'un coupe-pain serait très avantageux (1). Coupé le matin pour le soir, mis dans des cor-

---

(1) Cette amélioration a été réalisée dans toutes les cuisines du régiment sur les économies de l'épicerie.

beilles à pain et exposé au soleil, recouvert de serviettes propres, le pain serait ainsi entièrement mangé.

Pain de guerre. — Le pain de guerre est généralement peu goûté des soldats en garnison. On peut le faire consommer grâce aux préparations suivantes :

1° *Pudding.* — La recette est la suivante :

Pudding pour cent hommes. — Mettre dans une terrine 5 kilogrammes de biscuit concassé en morceaux de la grosseur d'une noisette ; verser dessus trois litres de lait bouillant et laisser tremper pendant trois à quatre heures ; mélanger ensuite avec le biscuit ainsi trempé : 1 kilogr. 250 de raisins secs ; 0 litre 75 de rhum ; 0 kilogr. 400 de sucre cristallisé ; 0 kilogr. 050 de sel fin ; 0 kilogr. 030 d'épices ; 0 kilogr. 100 de saindoux ; peser 1 kilogr. 500 de farine tamisée, la ramasser sur une table en un tas, faire un trou au milieu du tas en l'élargissant en cercle ; mettre dans le trou ainsi formé le mélange indiqué ci-dessus, mêler le tout et le laisser reposer au frais jusqu'au moment de le mettre au four ; le verser dans les plats et le faire cuire à four chaud pendant une heure et demie environ. Pour que le pudding se détache facilement. graisser le moule avec du saindoux très chaud et le saupoudrer légèrement de farine.

Prix de revient pour une ration individuelle de 125 grammes : 0 fr. 036.

2° *En pain perdu.* — Trempé dans l'eau ou du bouillon, puis pressuré formé en boule (à raison de deux ou trois par pain biscuité), trempé dans des œufs battus, passé dans de la chapelure faite de pain biscuité moulu, et enfin frit dans de la graisse.

Le prix du pain biscuité étant nul, un pain biscuité ainsi préparé destiné à chaque homme revient à 0 fr. 03.

3° *Comme chapelure.* — En remplacement de gruyère, ou mélangé au gruyère pour toutes les préparations au gratin (macaroni, nouilles, choux-fleurs, etc.).

4° *Avec de la viande de conserve.* — Hacher 1 kilogramme de viande, moudre 500 grammes de biscuit. le faire tremper ensuite dans un litre d'eau bouillante ou mieux de bouillon gras gardé de la veille ; hacher 30 grammes d'échalotes, 30 grammes d'oignons, du persil et des épices en quantité voulue ; mélanger le tout et mettre le hachis dans les plats ; faire une croûte en saupoudrant de biscuit moulu servant de chapelure ; mettre par-dessus 25 grammes de saindoux pour dorer ; cuire au four pendant trois quarts d'heure environ.

5° *En sandwiches*. — Faire tremper le biscuit ; entre deux biscuits placer 50 grammes de lard salé et une feuille de laurier, saupoudrer avec un peu de poivre ; mettre au four vingt minutes.

6° *Comme pain de soupe*. — Lorsqu'il est trempé dans la soupe, il n'offre qu'une faible différence au goût avec le pain frais.

C'est comme pain de soupe qu'il est le plus simple de manger le pain de guerre.

On peut, sans inconvénients, exiger que la soupe soit trempée une ou deux fois par semaine avec du pain de guerre, cassé assez finement et proprement.

C'est au défaut de moyens pour casser convenablement et proprement le pain de guerre que doit être attribuée, en grande partie, l'aversion que les soldats ont pour son emploi dans la soupe.

On peut le couper en tranches fines pour la soupe en procédant ainsi : tremper le biscuit la veille au soir pendant trois à quatre minutes dans l'eau froide, le mettre ressuer toute la nuit entre deux serviettes humides, le couper ensuite en tranches fines comme du pain ordinaire.

On arrive ainsi à le faire manger dans chaque soupe en le mélangeant au pain de soupe ordinaire dans la proportion du quart.

Au 3ᵉ chasseurs à cheval, on le débite en tranches très minces à l'aide d'une scie circulaire.

Chauffage. — L'alimentation variée produit ce résultat inattendu de nécessiter une quantité bien moins considérable de combustibles qu'avec l'ancien système. Actuellement, les fourneaux sont allumés de 4 heures du matin à 5 heures du soir. Beaucoup de préparations d'alimentation variée ne nécessitent que quelques heures de cuisson. Il faut trois fois moins de temps pour faire un rôti ou une soupe maigre que pour faire une soupe grasse et du bœuf bouilli et, partant, deux ou trois fois moins de combustible.

La ration réglementaire de combustible suffit largement pour l'alimentation variée et même permet de réaliser des économies.

Vin. — Un des emplois les plus fréquents du boni est de donner aux hommes un quart de vin de temps en temps. Schindler s'exprime ainsi à ce sujet :

« C'est là l'emploi le plus mauvais, nous dirons volontiers

néfaste, qu'on puisse faire du boni. *Il faut manger le boni et ne jamais le boire.* Il serait absurde de méconnaître les avantages réels résultant de l'usage du vin, mais son influence ne saurait être salutaire et appréciable qu'autant que la consommation en *est régulière et journalière*, qu'elle a lieu aux heures des repas et que le vin est *naturel et non frelaté.* »

Les hommes reçoivent assez d'argent pour s'offrir un verre de temps en temps; ils apprécieront plus en temps ordinaire une salade, un morceau de fromage ou des confitures comme supplément qu'un quart de vin. Cependant, dans quelques circonstances, la perspective d'une ration de vin a un puissant effet sur le moral des hommes, principalement à la suite d'une manœuvre fatigante, comme récompense de vigueur, d'entrain ou de résultat au tir. Aux grandes manœuvres, il est nécessaire d'en donner une ration journalière.

Conclusion. — En résumé, l'alimentation variée peut être mise en pratique dans toutes les compagnies où le versement à l'ordinaire est de 0 fr. 23. La réussite est certaine avec de l'ordre, de la méthode et de la volonté. Ce système d'alimentation a été mis en pratique, par ordre de M. le colonel de Lacroix, dans toutes les compagnies du 51e, et les résultats en ont été ainsi appréciés, dans le rapport de l'inspection générale médicale, par M. le médecin-major de 1re classe chef de service :

« Depuis octobre 1896, le colonel a bien voulu décider de mettre en expérience un système d'alimentation variée que présentait, à la suite d'une longue étude, l'un de nos camarades, M. le capitaine Thiébaut, commandant la 11e compagnie.

« Ce système consiste essentiellement dans l'application courante d'un régime alimentaire dont les éléments seraient basés sur la valeur nutritive des divers aliments. Notre camarade a eu la patience de réunir tous les documents nécessaires, permettant de préciser la composition primordiale de tous les aliments ordinaires et d'établir ensuite des tableaux bien présentés, permettant de saisir le taux réel des principes immédiats contenus dans chacun de ces aliments pour un poids déterminé. Étant donnés ces renseignements précis, il a déterminé, dans une série de groupements d'une compréhension facile, le taux alimentaire, c'est-à-dire ses principes azotés ou non, c'est à dire les albuminoïdes, les graisses, les hydro-carbures de chacun de ces aliments pour la ration ordinaire d'un homme et a pu ainsi, en ne perdant pas de vue les résultats et moyens conseillés par les maîtres qui font autorité en la matière.

au sujet de la proportionnalité de chacun des éléments primordiaux dans la constitution d'une ration, il a pu ainsi proposer une association de diverses substances alimentaires permettant d'arriver à une variété réelle dans l'alimentation du soldat. C'est là même, un grand progrès qu'il convient de signaler à l'attention de tous.

« Cette expérience poursuivie ici sur une vaste échelle, toutes les compagnies ayant reçu l'ordre (surveillance du lieutenant-colonel dans la composition des menus qui sont arrêtés tous les 15 jours) : cette expérience, disons-nous, se poursuit dans des conditions telles au point de vue des résultats de tous ordres, que nous serions disposés à la juger décisive.

« Le bien-être de cette variété « réelle » dans le régime alimentaire a été cette année, pour nous, le facteur le plus important dans la diminution « énorme » des cas d'embarras gastro-intestinaux que nous avons pu observer ; ne voit-on pas, en effet, que ceux-ci découlent la plupart du temps de la monotonie du régime ? Ne sait-on pas encore que ces embarras des premières voies sont les causes les plus nettes de ces auto-infections d'origine intestinale pouvant aboutir à ces maladies à symptômes typhoïdes que l'on observe si communément dans les collectivités ? Il y a donc là un progrès réel et pratique à souligner, et dont l'adoption serait à proposer. »

Ces appréciations ont été confirmées oralement et par écrit par le directeur du service de santé du 2ᵉ corps.

Tableau I.

Prix des denrées.

VIANDE.

Bœuf	le kilogr.	4 20	Mouton	le kilogr.	1 60
Brochet	—	1 60	Oie	—	4 50
Boudin	—	1 50	Petites saucisses	—	2 00
Chair à saucisses	—	2 20	Pigeons	la paire.	1 00
Chevreau	—	0 30	Porc désossé	le kilogr.	1 80
Friture	—	0 60	Veau	—	1 60
Lapin	—	1 35	Pain	—	0 26
Lard	—	4 80			

LÉGUMES.

Carottes ou choux	le kilogr.	0 07	Oignons	le kilogr.	0 12
Choucroute	—	0 30	Pommes de terre	—	0 065

ÉPICERIE.

Boules d'oignons Ro-zières	le 100	0 40	Morue	le kilogr.	0 95
Chicorée	le kilogr.	1 00	Pois cassés	le litre	0 43
Cornichons	—	1 80	Pois ronds gros	—	0 23
Echalote	—	4 30	Poivre	le kilogr.	3 40
Epices : thym, ail, bouquet	—	0 04	Riz	—	0 30
Farine	—	0 50	Saindoux	—	1 35
Gruyère	—	1 90	Sel blanc	—	0 165
Haricots	—	0 25	Sucre blanc cristallisé	—	0 95
Huile	le litre	4 00	Tapioca	—	4 80
Lentilles	—	0 50	Vermicelle	—	0 65
Macaroni	le kilogr.	0 65	Vin rouge	le litre	0 50
			Vinaigre	—	0 45

LAIT.

Le litre.. 0 20

TABLEAU II.

Tableau analytique du docteur Meinert indiquant le poids d'albuminoïdes, de graisse et d'hydrocarbonés contenu dans 1000 grammes de denrées.

DÉSIGNATION des DENRÉES.	ALBUMINOÏDES.	GRAISSE.	HYDROCARBONÉS.	OBSERVATIONS.
	gram.	gram.	gram.	
Bœuf maigre désossé	219	9	»	
Bœuf demi-gras désossé	175	100	»	20 p. 100 d'os du poids de la viande brute.
Veau désossé	189	74	»	
Mouton maigre désossé	203	28	»	
Mouton demi-gras désossé	145	90	»	
Porc maigre désossé	198	67	»	10 p. 100 d'os.
Porc très gras désossé	133	425	»	
Boudin	118	114	»	
Saucisses	231	228	»	
Saucisson fumé	228	114	»	
Cervelas	176	397	»	
Hareng salé	189	166	»	
Hareng fumé	211	85	»	
Morue sèche	779	3	»	
Lard fumé de pays	26	778	»	
Lard salé d'Amérique	67	757	»	
Saindoux d'Amérique	2	900	»	
Texas-Beef	296	39	»	
Viande de bœuf américaine marinée et salée	289	2	»	
Pressed corned beef	338	64	»	
Viande d'Austr. en boites	293	121	»	
Poudre de viande	730	»	»	
Œufs	131	104	»	
Lait de vache	40	35	»	
Lait écrémé	32	4	»	
Beurre	»	850	»	
Fromage maigre de pays	430	78	»	
Fromage gras de pays	329	250	»	

DÉSIGNATION des DENRÉES.	ALBUMINOÏDES.	GRAISSE.	HYDROCARBONÉS.	OBSERVATIONS.
	gram.	gram.	gram.	
Fromage suisse	247	320	»	
Farine de froment blutée	89	11	741	
Nouilles, macaroni	90	3	768	
Riz	67	5	770	
Pois secs	225	25	581	Album. assim. 135 grammes.
Haricots secs	242	18	558	— » 145 —
Lentilles	249	20	542	— » 150 —
Fécule de pois	265	29	540	— » 238 —
Fécule de haricots	265	15	551	— » 239 —
Fécule de maïs	140	38	706	
Pain de froment	68	7	523	
Biscuit de froment	156	10	734	
Pommes de terre	20	2	210	Album. assim. 13 grammes (déduction faite des déchets)
Carottes	13[1]	2	98	[1] Déduction faite des déchets.
Navets	12[1]	1	68	
Choux-raves	27[1]	2	86	
Asperges	19	2	27	
Pois verts	64	4	124	
Choux verts	23	9	53	
Choux blancs	19	2	66	
Epinards	20	3	60	
Têtes de salade	14	3	22	
Brochet	205,8	»	»	Analyse Payen, 5 p. 100 d'os.
Carpe	206,1	1,1	»	
Lapin	221	16	»	
Petites saucisses	147	396	»	Analyse Gorup-Bezanez, 10 p. 100 d'os.
Epaule fumée	274	153	»	
Langue bœuf conservée	243	316	»	

Tableau III.

Décompte des quantités de denrées à prendre pour les repas et pour 100 hommes.

RECETTES

$100 \times (0.23 + 0.395) = 62$ fr. 50 (0.395 étant le taux de l'indemnité de viande).

DÉPENSES.

Dépenses étrangères à l'alimentation.....................	1 50
Objets de propreté.................................	1 00
Sucre...	0 45
Café..	1 57
Blanchissage....................................	1 00
Cuisinier......................................	0 62
Total..............	6 14
Le montant des recettes.....................	62 50
Il reste donc comme recettes.................	56 36

RATIONS (par homme).

Riz..	50	grammes.
Haricots......................................	120	—
Pois...	100	—
Macaroni......................................	70	—
Lentilles.....................................	100	—
Viande..	325	—
Pain...	50	—
Choucroute....................................	180	—

Quantités d'ingrédients de propreté à distribuer aux hommes tous les quinze jours.

	Savon (0ᵏ,200 par homme).....................	0 12
	Cirage brillant ou encaustique (0ᵏ,100 par homme)..	0 09
Pour	Tripoli (1 paquet pour 4 hommes)...............	0 025
un mois.	Vinaigre (1 litre pour 100 hommes).............	0 003
	Brique anglaise (1 brique pour 10 hommes)........	0 02
	Cirage gras...................................	0 05
	Prix par homme et par mois........	0 308

TABLEAU IV.

NOMENCLATURE des PLATS.	PRIX DE REVIENT.	VALEUR ALIMENTAIRE.			PAIN DE SOUPE.	BOUILLON OU EAU.	LARD.	SAINDOUX.	POMMES de terre.	CHOUX.	CAROTTES.	OIGNONS.	POIREAUX.	RIZ.	HARICOTS.	LENTILLES.	POIS CASSÉS.	TAPIOCA ou pâtes d'Italie.	VERMICELLE.	FARINE.	SEL.	BOÎTES.	LAIT.	OSEILLE.
		Albuminoïdes.	Graisse.	Hydro-carbonés.																				
Soupe au lard	7 809	637	2.776	2.945	5	50	3	0,5	»	5	»	»	»	»	»	»	»	»	»	»	»	0,5	»	»	»
— aux légumes	3 082	604	515	4.485	5	50	»	0,5	5	5	5	»	»	»	»	»	»	»	»	»	»	0,5	»	»	»
— purée de pois sans pain	1 95	562,5	62,5	1.452,5	»	50	»	»	»	»	»	»	»	»	»	»	2,5	»	»	»	0,5	»	»	»
— au riz	3 07	542	500	4.925	5	50	»	0,5	»	»	»	1	»	3	»	»	»	»	»	»	0,5	»	»	»
— aux choux	2 972	535	507	3.879	5	50	»	0,5	3	5	3	1	»	»	»	»	»	»	»	»	0,5	»	»	»
— grasse avec pain[1]	2 037	496	53	3.737	5	50	»	»	3	3	3	»	»	»	»	»	»	»	»	»	0,5	0,015	»	»
— gras. pât. d'Italie[1]	1 55	268	22	2.082	»	50	»	»	»	»	»	»	»	»	»	»	»	1,25	»	»	0,5	0,015	»	»
— gras. au tapioca[1]	2 30	268	22	2.082	»	50	»	»	»	»	»	»	»	»	»	»	»	1,25	»	»	0,5	0,015	»	»
— gras. vermicelle[1]	1 30	223	20	1.696	»	50	»	»	»	»	»	»	»	»	»	»	»	»	0,75	»	0,5	0,015	»	»
— aux haricots	2 807	1.067	539	4.289	5	50	»	0,5	»	»	»	»	»	»	3	»	»	»	»	»	0,5	»	»	»
— julienne sans pain	1 642	223	476	1.738	»	50	»	0,5	5	3	5	»	»	»	»	»	»	»	»	»	0,5	»	»	»
— julienne avec pain	2 942	563	511	4.353	5	50	»	0,5	5	3	5	»	»	»	»	»	»	»	»	»	0,5	»	»	»
— au lait	8 90	1.556	187	2.615	5	12	»	»	»	»	»	»	»	»	»	»	»	»	»	»	0,25	»	38	»
— aux lentilles	3 55	1.088	545	4.241	5	50	»	0,5	»	»	»	»	»	»	»	3	»	»	»	»	0,5	»	»	»
— aux oignons	2 467	350	486	2.689	5	50	»	0,5	»	»	»	3	»	»	»	»	»	»	»	0,1	0,5	»	»	»
— aux poireaux et pommes de terre	2 492	401	491	3.245	5	50	»	0,5	3	»	»	»	5	»	»	»	»	»	»	»	0,5	0,015	»	»
— pommes de terre	3 072	644	515	5.765	5	50	»	0,5	15	»	»	»	»	»	»	»	»	»	»	»	0,5	0,015	»	»
— purée de pois avec pain	3 25	1.016	560	4.358	5	50	»	0,5	»	»	»	»	»	»	»	»	3,0	»	»	»	0,5	»	»	»
— à l'oseille	2 60	350	486	2.689	5	50	»	0,5	»	»	»	»	»	»	»	»	»	»	»	»	0,5	»	»	2

[1] Voir pour les quantités de bœuf nécessaires, les plats de bœuf portant la lettre (a).

TABLEAU IV (suite).

NOMENCLATURE des PLATS.	PRIX DE REVIENT.	VALEUR ALIMENTAIRE. Albuminoïdes.	Graisse.	Hydro-carbonés.	BOUILLON ou eau.	VIANDE ou poisson.	LARD.	SAINDOUX.	CHAIR à saucisses.	POMMES de terre.	CAROTTES.	OIGNONS.	HARICOTS.	FARINE.	SEL.	POIVRE.	THYM.	LAURIER.	AIL.	PERSIL.	CORNICHONS.	HUILE.	VINAIGRE.	VIN.
Bœuf cornichons (a)...	21 80	2.275	1.300	»	»	16,2	»	»	»	»	»	»	»	»	»	0,025	»	»	»	»	0,5	»	»	»
— en hachis (a)...	21 86	2.276	1.750	»	»	16,2	»	0,5	»	»	»	1	»	»	0,5	0,025	»	»	»	»	»	»	»	»
— en fricassée (a)...	22 81	2.286	2.201	74	»	16,2	»	1,0	»	»	»	1	»	0,1	0,5	0,025	»	»	»	»	»	»	0,05	»
— en miroton (a)...	22 95	2.286	2.201	74	8	16,2	»	1,0	»	»	»	3	»	0,1	0,5	0,025	0,03	0,03	»	»	»	»	0,025	»
— mode...	23 64	2.481	2.231	1.544	»	16,2	»	1,0	»	»	15	1	»	0,1	0,5	0,025	»	»	»	»	»	»	»	»
— persillade (a)...	21 60	2.275	1.300	»	10	16,2	»	»	»	»	»	»	»	»	0,5	0,025	0,03	0,03	0,03	1	»	»	0,05	»
— ragoût...	22 59	2.286	2.201	74	8	16,2	»	1,0	»	»	»	1	»	0,1	0,5	0,025	»	»	»	»	»	»	»	»
— rôti...	22 417	2.277	2.200	»	»	16,2	»	1,0	»	»	»	»	»	»	0,5	0,025	»	»	»	»	»	»	»	»
— sauce piquante (a).	22 37	2.284	1.301	74	8	16,2	»	1,0	»	»	»	1	»	0,1	0,5	0,025	0,03	0,03	0,03	»	»	»	1,00	»
— sauce au vin (a)...	23 97	2.286	2.201	74	8	16,2	»	1,0	»	»	»	»	»	0,1	0,5	0,025	»	»	»	»	»	»	»	3
— vinaigrette (a)...	23 52	2.275	1.300	»	8	16,2	»	»	»	»	»	»	»	»	0,5	0,025	0,03	0,03	0,03	»	»	»	2	1,00	»
— en biftecks...	22 417	2.277	2.200	»	»	16,2	»	1,0	»	»	»	»	»	»	0,5	0,025	»	»	»	»	»	»	»	»
Cons. boulettes frites (1).	20 142	3.079	3.288	74	»	9,0	»	1,0	3	»	»	»	»	1,0	0,5	0,025	»	»	»	»	»	»	»	»
Conserve miroton (1)...	22 95	2.941	2.411	74	8	10,0	»	1,0	»	»	»	3	»	0,1	0,5	0,025	0,03	0,03	»	»	»	»	0,25	»
Bœuf langue fumée...	»	1.215	1.580	»	»	5,0	»	»	»	»	»	»	»	»	»	»	»	»	»	»	»	»	»	»
Épaule fumée...	12 10	1.761	994,5	»	»	6,5	»	»	»	»	»	»	»	»	0,5	»	»	»	»	»	»	»	»	»
Lard salé de conserve...	18 00	670	7.570	»	»	»	10	»	»	»	»	»	»	»	»	»	»	»	»	»	»	»	»	»
Mouton aux haricots...	28 81	1.646	2.196	6.696	»	15,0	»	1,0	»	»	»	1	12	»	1,0	0,05	0,03	0,03	»	»	»	»	»	»
— en ragoût...	28 73	2.642	2.070	9.450	»	15,0	»	1,0	»	45	»	1	»	»	1,0	0,05	0,03	0,03	»	»	»	»	»	»
— rôti...	25 84	2.041	1.560	3.150	»	15,0	»	0,5	»	45	»	»	»	»	0,5	0,025	0,03	0,03	»	»	»	»	»	»

(1) Pour faciliter l'établissement du menu, on a décompté la viande de conserve au prix du bœuf, comme si la compagnie percevait ce jour-là l'indemnité représentative de viande fraîche.

TABLEAU IV (*suite*).

NOMENCLATURE des PLATS.	PRIX DE REVIENT.	VALEUR ALIMENTAIRE. Albuminoïdes.	Graisse.	Hydro-carbonés.	BOUILLON ou eau.	VIANDE ou poisson.	LARD.	SAINDOUX.	POMMES de terre.	CHOUCROUTE.	CHOUX.	CAROTTES.	OIGNONS.	HARICOTS.	LENTILLES.	FARINE.	SEL.	POIVRE.	THYM.	LAURIER.	AIL.	CORNICHONS.	HUILE.	VINAIGRE.	VIN.
Porc frais désossé.......	18 82	2.180	690	2.100	»	10	»	»	10	»	»	»	»	»	»	»	0,5	0,025	»	»	»	»	»	»	»
Porc désossé sauce piquante.............	19 57	1.989	671	74	8	10	»	»	»	»	»	»	»	»	»	0,4	0,5	0,025	0,03	0,03	0,03	0,5	»	1	»
Boudin.............	15 00	1.180	1.140	»	»	10	»	»	»	»	»	»	»	»	»	»	»	»	»	»	»	»	»	»	»
Saucisses.............	16 67	936	3.168	»	»	8	»	0,5	»	»	»	»	»	»	»	»	»	»	»	»	»	»	»	»	»
Veau rôti.............	25 21	2.569	1.368	3.150	»	15	»	0,5	15	»	»	»	»	»	»	»	0,5	0,025	0,03	0,03	»	»	»	»	»
— en blanquette.....	25 02	2.278	1.339	74	8	12	»	0,5	»	»	»	»	1	»	»	0,4	0,5	0,025	0,03	0,03	»	»	»	»	»
Lapin.............	24 76	3.180	1.604	74	»	15	0,75	1,0	»	»	»	»	3	»	»	0,4	0,5	0,025	0,03	0,03	»	»	»	»	2
Carpe.............	27 05	2.600	14	490	»	13	»	»	»	»	»	5	»	»	»	»	0,5	0,050	0,06	0,06	»	»	2	1,0	»
Brochet.............	24 05	2.740	10	490	»	13	»	»	»	»	»	5	»	»	»	»	0,5	0,050	0,06	0,66	»	»	2	1,0	»
Friture.............	13 26	7.214	4.838	»	»	35	»	2,0	»	»	»	»	»	»	»	»	1,0	»	»	»	»	»	»	»	»
Morue frite.............	12 51	7.794	1.830	»	»	10	»	2,0	»	»	»	»	»	»	»	»	»	0,025	»	»	»	»	»	0,5	»
— maître d'hôtel....	14 33	8.701	1.021	9.524	»	10	»	1,0	45	»	»	»	1	»	»	0,4	0,5	0,025	»	»	»	»	»	0,5	»
Choucroute.............	9 90	687	2.095	4.140	»	»	1,5	1,0	15	15	»	»	»	»	»	»	0,5	0,05	»	»	»	»	»	0,5	»
Choux.............	4 31	762	980	2.640	»	»	»	1,0	»	»	40	»	»	»	»	»	0,5	0,025	»	»	»	»	»	»	»
Choux au lard.........	5 06	757	1.278	4.544	»	»	1	0,5	15	»	20	»	»	»	»	0,4	0,5	0,025	»	»	»	»	»	»	»
Haricots blancs.........	4 35	2.940	956	6.844	»	»	0,25	0,5	»	»	»	»	»	12	»	0,4	0,5	0,025	»	»	»	»	»	»	»
— au lard.........	5 70	2.981	1.424	6.770	»	»	1	0,5	»	»	»	»	»	12	»	0,4	0,5	0,025	»	»	»	»	»	»	»
— en salade......	5 12	2.420	180	5.580	»	»	»	»	»	»	»	»	»	10	»	»	0,5	0,025	»	»	»	»	2	1,0	»
Lentilles au gras........	5 90	2.500	651	5.494	»	»	»	0,5	»	»	»	»	»	»	10	0,4	0,5	0,025	»	»	»	»	»	»	»
— au lard........	7 70	2.567	1.408	5.494	»	»	1	0,5	»	»	»	»	»	»	10	0,4	0,5	0,025	»	»	»	»	»	»	»

TABLEAU IV (*suite*).

NOMENCLATURE des PLATS.	PRIX DE REVIENT.	VALEUR ALIMENTAIRE. Albuminoïdes.	Graisse.	Hydro-carbonés.	LARD.	SAINDOUX.	POMMES de terre.	CAROTTES.	OIGNONS.	RIZ.	HARICOTS.	LENTILLES.	POIS CASSÉS.	MACARONI ou nouilles.	FARINE.	FROMAGE.	SEL.	POIVRE.	HUILE.	VINAIGRE.	SALADE.	SUCRE.	LAIT.
Macaroni au gratin	7 96	8.791	1.241	5.376	»	1,0	»	»	»	»	»	»	»	7	»	1,0	0,5	0,025	»	»	»	»	»
— à l'italienne	7 96	8.791	1.241	5.376	»	1,0	»	»	»	»	»	»	»	7	»	1,0	0,5	0,025	»	»	»	»	»
— au jus ou nouil.	6 06	632	921	5.376	»	1,0	»	»	»	»	»	»	»	7	»	»	0,5	0,025	»	»	»	»	»
Pom. de terre et carottes.	3 50	731	530	7.280	»	0,5	30	10	»	»	»	»	»	»	»	»	0,5	0,025	»	»	»	»	»
— frites	5 40	804	4.880	8.400	»	2,0	40	»	»	»	»	»	»	»	»	»	0,5	»	»	»	»	»	»
— au lard	5 29	877	1.288	8.474	1	0,5	49	»	»	»	»	»	»	»	0,1	»	0,5	0,025	»	»	»	»	»
— en purée	4 29	811	981	8.474	»	1,0	40	»	1	»	»	»	»	»	0,1	»	0,5	0,025	»	»	»	»	»
— en ragoût	3 50	810	531	8.474	»	0,5	40	»	»	»	»	»	»	»	0,1	»	0,5	0,025	»	»	»	»	»
— en robe	2 6J	800	80	8.400	»	»	40	»	»	»	»	»	»	»	»	»	»	»	»	»	»	»	»
— en salade	5 54	900	90	9.450	»	»	45	»	»	»	»	»	»	»	»	»	0,5	0,025	2	1	»	»	»
— sautées	5 40	804	4.880	8.400	»	2,0	40	»	»	»	»	»	»	»	»	»	0,5	0,025	»	»	»	»	»
Purée de pois cassés	5 56	2.261	1.451	5.884	»	1,0	»	»	»	»	»	»	10	»	0,1	»	0,5	0,025	»	»	»	»	»
Riz au gras	3 30	346	926	3.924	»	1,0	»	»	2	5	»	»	»	»	0,1	»	0,5	0,025	»	»	»	»	»
— au lard	3 28	412	1.233	3.924	1	0,5	»	»	»	5	»	»	»	»	0,1	»	0,5	0,025	»	»	»	»	»
— au lait	3 53	495	45	3.850	»	»	»	»	»	5	»	»	»	»	»	»	0,5	»	»	»	»	1	5
Salade verte	4 62	224	48	352	»	»	»	»	»	»	»	»	»	»	»	»	0,5	0,025	2	1	16	»	»
— de pommes et lentilles	9 48	1.347	120	7.926	»	»	30	»	1	»	»	3	»	»	»	»	0,5	0,025	2	1	»	»	»
— de pommes et haricots	8 52	1.326	114	7.974	»	»	30	»	1	»	3	»	»	»	»	»	0,5	0,025	2	1	»	»	»
Fromage de pays	3 00	822,5	625	»	»	»	»	»	»	»	»	»	»	»	»	2,5	»	»	»	»	»	»	»

ANNEXE 1

Adjudication de la viande de l'Hospice de Beauvais en 1895.

Hospice. — Cette fourniture, composée de bœuf, veau et mouton, comme il est dit ci-dessus, sera faite par l'adjudicataire chaque jour de la semaine, en se renfermant dans les instructions ci-après, en ce qui concerne l'espèce de viande à livrer à l'établissement :

Le 1er janvier (mercredi), la fourniture se composera de 30 kilogrammes de bœuf, dont 3 kilogrammes de gîte, et un demi-veau du poids d'environ 30 kilogrammes ;

Le 2 janvier (jeudi), la fourniture comprendra 30 kilogrammes de bœuf, dont 3 kilogrammes de gîte, et un demi-mouton pesant au minimum 12 kilogrammes ;

Le 3 janvier (vendredi), la fourniture sera nulle ;

Le 4 janvier (samedi), la fourniture comprendra 30 kilogrammes de bœuf, dont 3 kilogrammes de gîte, et un demi-veau pesant environ 30 kilogrammes ;

Le 5 janvier (dimanche), la fourniture se composera de 30 kilogrammes de bœuf, dont 3 kilogrammes de gîte, et d'un quart de veau (cuissot) du poids d'environ 12 kilogrammes ;

Le 6 janvier (lundi), la fourniture sera identique à celle du jeudi 2 janvier ;

Le 7 janvier (mardi), la fourniture comprendra 30 kilogrammes de bœuf, dont 3 kilogrammes de gîte, et un quart de veau (côté de l'épaule) ;

Le 8 janvier (mercredi), elle sera conforme à celle du 1er janvier, pour ainsi continuer de jour en jour, depuis le 1er janvier jusqu'au 31 décembre inclusivement.

Il ne pourra entrer dans chaque pesée ni pieds, ni têtes, ni flanchets, ni jarrets, ni genoux, connus dans la boucherie sous le nom de *crosse*.

Le col de bœuf ne pourra être fourni que dans la proportion de 50 p. 100 de la pesée, il devra être découpé à la deuxième jointure au-dessus de la salière. Une fois par mois, il sera fourni à l'hospice gratuitement une tête de veau échaudée, une fraise et quatre pieds de veau.

Deux fois par mois (du 1er octobre au 1er avril), il sera loisible de remplacer la fourniture ordinaire de mouton par environ 12 kilogrammes de fressure entière de mouton, dont le prix serait moitié du prix d'adjudication.

CONDITIONS PARTICULIÈRES.

La viande fournie à l'hospice sera de bonne qualité, claire, bien soignée, parfaitement refroidie. S'il en est requis par l'économe, le fournisseur sera tenu de la découper, d'après les ordres qui lui seront donnés à cet effet.

Il ne pourra être fourni d'autres parties de viande que celles ci-dessus désignées, et ces parties, en ce qui concerne le mouton et le veau, seront toujours entières, sans pouvoir être divisées, c'est-à-dire offertes au détail, auquel cas elles seront rigoureusement refusées.

Les quantités de viande ci-dessus désignées sont celles présumées nécessaires chaque jour; cependant elles pourront être augmentées ou diminuées ou même annulées complètement, s'il y a lieu, et ce, suivant les besoins et d'après les ordres qui seront donnés au fournisseur à cet effet.

En cas de diminution en ce qui concerne la fourniture du demi-mouton ou du demi-veau, cette diminution sera faite alternativement sur la partie de derrière ou la partie de devant de l'animal.

ANNEXE II

Tableau comparatif des marchés de 1897 et de 1898 et des prix de vente de la Commission.

NUMÉROS DES LOTS.	COMPOSITION DES LOTS.	1897				1898			
		Quantités prévues.	Prix du marché.	Reprise des fûts.	Prix de vente.	Quantités prévues.	Prix du marché.	Reprise des fûts.	Prix de vente.
			fr. c.	fr. c.	fr. c.		fr. c.	fr. c.	fr. c.
1	Saindoux marque L.-B.-C. Bernheim (Vernon)	10,000 k.	84 50	4 00	0 90	15,000	83 50	4 00	0 90
2	Sel gris	10,000	14 00	»	0 15	15,000	13 90	»	0 15
3	Épices. — Poivre	200	285 00	»	2 90	250	295 00	»	3 00
	Thym	400	70 00	»	0 75	400	180 00	»	1 90
	Laurier	400	70 00	»	0 75	400	35 00	»	0 40
	Boules d'oignons	400	225 00	»	2 30	400	145 00	»	1 50
	Cornichons	100	110 00	»	1 15	500	85 00	»	0 90
	Moutarde	400	45 00	»	0 50	200	32 00	»	0 40
	Ail	400	60 00	»	0 65	400	50 00	»	0 65
4	Légumes secs. — Haricots demi-larges	10,000	32 75	»	0 35	19,000	29 50	»	0 32
	Pois cassés O	5,000	38 00	»	0 40	8,000	33 00	»	0 36
	Lentilles OOO	5,000	35 00	»	0 40	10,000	34 00	»	0 35
5	Riz Java	500	35 00	»	0 40	300	34 00	»	0 40
6	Pâtes alimentaires. — Macaroni	2,000	55 00	»	0 60	4,000	55 00	»	0 60
	Nouilles	200	55 00	»	0 60	1,600	55 00	»	0 60
	Vermicelle	1,500	55 00	»	0 60	1,200	54 00	»	0 60
	Pâtes d'Italie	200	55 00	»	0 60	700	54 00	»	0 60
	Tapioca	350	55 00	»	0 60	1,000	52 00	»	0 60
7	Huile de sézame	25 h.	70 l'h.	5 00	0 80	27	67 00	5 00	0 80
8	Vinaigre	20	42 l'h.	5 00	0 45	24	35 00	2 00	0 40
9	Pétrole	450	»	5 00	0 30	450	»	5 00	0 30
10	Balais et brosserie. — Balais de bruyère	2,500	2 20 la douz.	»	0 20	2,600	0 17	»	0 20
	Balais paille de riz syrien	1,000	0 98	»	0 90	800	0 85	»	0 90
	Lave-pont en chiendent 20/7 F F	400	8 60 la douz.	»	0 70	500	0 64	»	0 70
	Balais coco 20/6	300	0 60	»	0 90	200	0 83	»	0 90
	Brosses à parquet sciées 14/7 F F F	300	21 74 la douz.	»	1 90	100	1 66	»	1 75
	Manches à balais 2 pointes en bois frêne	1,500	12 25 le cent.	»	0 45	100	0 08	»	0 40
	Manches en bois blanc	500	9 00 le cent.	»	0 40	100	0 44	»	0 45
	Brosses en chiendent forme violon 7 paires 1/2	1,200	2 75	»	0 25	400	0 24	»	0 25

NUMÉROS DES LOTS.	COMPOSITION DES LOTS.	1897				1898			
		Quantités prévues.	Prix du marché.	Reprise des fûts.	Prix de vente.	Quantités prévues.	Prix du marché.	Reprise des fûts.	Prix de vente.
			fr. c.	fr. c.	fr. c.		fr. c.	fr. c.	fr. c.
11	Savon blanc de Marseille.........	4,500 k.	52 00	»	0 55	4,500	51 90	»	0 55
12	Cirages et bougies. — Cirage Jacquand.....	500	100 00	»	1 10	460	100 00	»	1 10
	— Demeyer.....	80	300 00	»	3 40	260	300 00	»	3 40
	— Paulin.......	600	180 00	»	1 90	600	170 00	»	1 90
	Bougies..........	400 paquets.	73 00	»	0 75	150	70 00	»	0 75
13	Sabots galoches	300 paires.	17 00 la douz.	»	1 45	300	17 00	»	1 45
14	Ingrédients de propreté. Cire jaune.........	50 k.	340 00	»	3 50	80	340 00	»	3 50
	Sel de soude........	1,000	25 00	»	0 30	4,800	25 00	»	0 30
	Tripoli............	50	25 00	»	0 30	50	30 00	»	0 30
	Essence de térébenthine......	50 l.	90 00	»	0 80	50	90 00	»	0 80
	Alcali............	100	75 00	»	0 75	50	80 00	»	0 85
	Blanc de guêtres......	2,000 k.	30 00	»	0 40	4,000	32 00	»	0 40
	Mine de plomb.......	400 paq. de 50 paq.	4 00 les 100 paq.	»	0 05	400 paq. de 100 paq.	4 00	»	0 05
15	Choucroute.............	4,000 k.	16 00	»	0 20	25 barils.	16 00	»	0 20
	Saucisses	6,000	0 75 la douz.	»	0 90	500 douzain.	0 75	»	0 90
16	Morue.............	»	»	»	»	1,000 k.	95 00	»	1 00
17	Assiettes............	2,000	1 80	»	1 90	2,500	1 00	»	1 90
	Cruches............	500	0 30	»	0 35	450	0 30	»	0 35
18	Mèches.............	12 k.	»	»	4 50	12	»	»	4 50
	Verres de lampes.............	400	»	»	0 45 à 0 95	300	»	»	0 45 et 0 45
19	Charcuterie. Porc frais..........	15,000 k.	165 00	»	1 65	7,200	139 00	»	1 39
	Boudin.............	600	80 00	»	0 80	2,700	78 00	»	0 78
	Saucisses ordinaires..	600	155 00	»	1 55	2,700	138 00	»	1 38
	Andouille de campagne...	»	»	»	»	900	138 00	»	1 38
	Fromage d'Italie......	400	135 00	»	1 35	800	120 00	»	1 20
	Cervelas..........	450 douzain.	140 00	»	1 40	480 dz	135 00	»	1 35
	Chair à saucisses	300 k.	155 00	»	1 55	600	138 00	»	1 38
	Lard de poitrine.....	1,000	135 00	»	1 35	1,500	129 00	»	1 29
	Tête de porc.	»	»	»	»	600	65 00	»	0 65

ANNEXE III

51e Régiment d'infanterie.

COMMISSION DES ORDINAIRES

CAHIER DES CHARGES

POUR

LA FOURNITURE DE LA VIANDE FRAICHE

Ordre du service.

ART. 1er. Le service consiste à fournir la viande fraiche nécessaire aux ordinaires du 51e régiment d'infanterie pendant le premier semestre 1898. Le fournisseur devra également assurer la viande fraiche au 251e et au 11e territorial en cas de convocation pendant cette période.

Les sous-officiers et autres hommes de troupe non nourris à l'ordinaire peuvent être admis à prendre-part aux distributions.

Les distributions ont lieu habituellement sur le pied de 300 grammes par homme et par jour, le corps peut cependant modifier ce chiffre en plus ou en moins. Il peut, en outre, sauf avis donné au fournisseur deux jours à l'avance, suspendre les distributions de viande fraiche, soit pour consommer les viandes salées ou conservées, distribuées par l'administration militaire, soit pour se pourvoir directement, comme il l'entend, d'autres aliments. Toutefois, la cessation de distribution de viande fraiche ne saurait en aucun cas excéder, par période mensuelle, la moitié des consommations totales des parties prenantes. L'effectif probable est d'environ 1700 *hommes*.

Qualité de la viande fraiche.

ART. 2. La viande à fournir est celle de bœuf, de vache, de taureau, de veau et de mouton ou de brebis. Sont formellement exclues les viandes de bélier, de bouc et de chèvre. Les fournitures seront faites à raison de 1/7 de mouton et de veau pour 6/7 de bœuf, vache et taureau ; le mouton et le veau entrant par moitié chacun dans le 1/7 spécifié ; le bœuf, la vache et le taureau entrant pour 1/3 chacun dans les 6/7 qui leur sont réservés.

La viande doit être de première qualité, provenir d'animaux bien conformés, parfaitement sains, abattus, sauf le veau, dans l'âge adulte, bien en chair et convenablement gras.

Le rendement en viande bouillie et désossée doit être de 46 p. 100 au moins du poids à l'état cru. La viande sera livrée par quartiers entiers, le nombre des quartiers de derrière devra être le même que celui des quartiers de devant. Le poids net en viande distribuable ne devra pas être inférieur aux chiffres ci-après :

		BŒUF et taureau.	VACHE.	MOUTON.	VEAU. Maximum.	VEAU. Minimum.	OBSERVATIONS.
Par quartier	de devant..	80	60	»	»	»	Avant prélèvement des aloyaux, filets, langue et rognons pour les bœufs, taureaux et vaches, et gigots pour les moutons.
	de derrière.	60	50	»	»	»	Ce prélèvement se fera à la caserne et seulement après pesage et acceptation de l'animal.
Pour l'animal entier...		280	220	20	75	60	

Toutefois, l'entrepreneur est autorisé à fournir en viande d'étal de première qualité, le dixième de la fourniture journalière.

Ne peuvent faire partie des distributions : la tête, à l'exception pour le bœuf, le taureau et la vache, des bajoues (*limitée en bas par la commissure des lèvres, et en haut par la paupière inférieure de l'œil, et entièrement désossée*) ; la fressure (*comprenant les viscères et organes internes*) ; les mamelles (*pour la vache et les brebis*) ; les suifs formant des masses ou pelotes dans l'intérieur de l'animal (*mais non des graisses adhérentes à la viande et étendues par couche à la surface*) ; les jambes (*coupées à 0ᵐ,10 environ au-dessus du milieu des articulations du genou et du jarret dans le bœuf, le taureau et la vache, et à 0ᵐ,05 du même point pour le veau et le mouton*) ; la peau, les cornes, la queue et toutes les autres parties impropres à une bonne alimentation. Le fournisseur est autorisé à prélever à son profit l'aloyau, le filet, la langue et les rognons pour les bœufs, taureaux et vaches, et les gigots et rognons pour les moutons ou brebis. La fourniture des abats blanchis pourra être exigée du fournisseur, à raison d'un repas pour une compagnie par jour.

Les bestiaux devront être abattus dans l'abattoir de la ville après avoir été reçus par le vétérinaire chargé du service des abattoirs et marqués au fer rouge sur les quatre pieds par un sous-officier envoyé à l'abattoir ; ces pieds marqués devront rester adhérents aux quartiers jusqu'au moment de la distribution.

Les quartiers de viande devront porter l'estampille du préposé au service sanitaire dudit établissement.

La viande abattue à Paris et portant l'estampille de l'abattoir de la Villette pourra être reçue dans les mêmes conditions, sauf l'adhérence des jarrets.

La viande de bœuf, vache ou taureau ne devra pas être soufflée.

Livraisons.

Art. 3. Le fournisseur est informé par le secrétaire de la Commission des ordinaires, autant que possible, vingt-quatre heures à l'avance, des quantités de viande qu'il doit fournir.

Les livraisons sont faites chaque jour (et deux fois par jour en été, si le chef de corps l'exige) dans le local affecté à cet usage, aux heures fixées par le chef de corps. En cas d'inexactitude de la part du fournisseur, ce dernier sera passible d'une amende de 5 francs, sur décision du président de la Commission des ordinaires.

Quel que soit le genre de fourniture, le dépècement, la préparation et la distribution à chaque ordinaire seront effectués par les soins de l'entrepreneur, au moyen d'un outillage lui appartenant et avec l'aide d'un soldat boucher du corps.

Le pesage de la viande par quartier aura lieu au moyen d'une bascule appartenant à l'entrepreneur et le pesage de la viande débitée aura lieu au moyen d'une balance à bras égaux appartenant au corps.

À l'exception des parties qui auront été rejetées des livraisons ou de celles qu'il est autorisé par son marché à prélever à son profit, l'entrepreneur ne pourra, sans une autorisation écrite, emporter au dehors aucun morceau.

Réception. — Cas de difficultés.

Art. 4. La réception est opérée par un officier délégué de la Commission des ordinaires. Tout quartier de viande, ou toute demi-bête, non revêtu, d'une façon très apparente, de l'estampille d'admission, devra être rigoureusement refusé. Il en sera de même, si la date de l'achat remonte à plus de trois jours en hiver ou plus de deux jours en été. Il est bien entendu, d'ailleurs, que les droits et les devoirs ordinaires des officiers de distribution demeurent entiers, en ce qui touche les altérations qui auraient pu subvenir postérieurement à l'estampillage. Le découpage se fera exclusivement à l'aide de la scie et du couteau.

En cas de contestation, l'officier délégué avise le président de la Commission des ordinaires. Réunie, conformément aux dispositions de l'article 12 du règlement sur les ordinaires, ladite Commission statue sans intervention d'expert. La décision est immédiatement exécutoire. Les quantités rejetées sont remplacées dans le délai d'une heure par les soins du fournisseur. Si le fournisseur n'est pas en mesure de livrer sur-le-champ les quantités nécessaires, ou s'il présente de nouveau des denrées inacceptables, la Commission des ordinaires pourvoit à la fourniture de la manière qu'elle juge convenable et aux risques et périls de l'entrepreneur.

Payement.

Art. 5. L'entrepreneur est payé de ses fournitures tous les cinq jours et le dernier jour du mois pour le dernier prêt, par les soins et dans le bureau même du trésorier du corps. Il est tenu de se présenter en personne à cet officier ou de faire prendre les sommes lui revenant par un fondé de pouvoirs, dûment autorisé.

Si l'entrepreneur néglige de se faire payer pendant quinze jours, le trésorier, sans aucun avis préalable, verse à la Caisse des dépôts et consignations toutes les sommes dont il est à ce moment le détenteur pour le compte du fournisseur, et ce versement libère entièrement le corps de troupe.

Il en est de même dans le cas d'opposition ou de saisie-arrêt des sommes dues aux fournisseurs.

Abandon ou exécution défectueuse du service.

Art. 6. Si le service vient à être abandonné ou s'il est exécuté avec un esprit de fraude ou de mauvaise foi qui se manifeste par des tentatives répétées pour faire admettre de la viande de mauvaise qualité ou des parties exclues des distributions, par des rachats de rations à la troupe, enfin par toute autre manœuvre coupable, la Commission des ordinaires, après en avoir obtenu l'autorisation du chef de corps, peut prononcer la résiliation pure et simple du marché, ou faire exécuter le service pendant un temps indéterminé ou jusqu'à la fin du marché aux risques et périls de l'entrepreneur évincé, en traitant par défaut, au moyen d'un concours ou par toute autre voie qu'elle juge convenable.

L'excédent de dépense pouvant résulter d'un marché ainsi passé par défaut, ou des achats qui auraient été faits dans la circonstance prévue par le dernier alinéa de l'article 4 qui précède, reste à la charge de l'entrepreneur évincé. S'il y a économie, elle profite aux ordinaires du corps.

Cas de mort ou de faillite.

Art. 7. En cas de faillite ou de mort de l'entrepreneur, le marché est résilié purement et simplement.

Toutefois, sur la proposition de la Commission des ordinaires, le chef de corps peut autoriser les créanciers ou les héritiers à continuer la fourniture pour leur compte, s'ils en font la demande.

Dépenses à la charge de l'entrepreneur.

Art. 8. Sont à la charge de l'entrepreneur :

Les frais quelconques se rattachant à l'exécution du service, jusques et y compris la distribution aux ordinaires.

Les frais de toute nature que peut entraîner la passation du marché.

Le montant des dégradations et des pertes provenant de son fait sur les ustensiles et objets mobiliers qui ont été mis à sa disposition pour le service.

Cas d'augmentation des droits d'octroi et d'abatage.

Art. 9. Si, postérieurement à la passation du marché, il est établi à Beauvais de nouveaux droits d'octroi ou d'abatage dans les abattoirs publics, ou si les droits antérieurs sont augmentés, diminués ou supprimés, le prix de fourniture stipulé par le marché est augmenté ou diminué proportionnellement aux modifications apportées aux tarifs.

Toutefois, les modifications qui peuvent être apportées au tarif de droits de douane, en plus ou moins, ne sauraient entrainer aucune majoration ou diminution sur le prix du marché.

Cas de résiliation ou de prorogation du marché.

Art. 10. Le marché est résilié de plein droit si le corps reçoit une nouvelle destination.

Toutefois, le nouveau corps a le droit d'exiger à son profit l'exécution du marché aux deux conditions suivantes :

1° Que la première colonne arrivera dans un délai de trente jours, compté de la date du départ de la dernière colonne du corps partant.

2° Que dans les huit jours de l'arrivée de sa première colonne, le corps arrivant aura fait connaître au fournisseur l'intention d'user de la faculté qui lui est ouverte par le présent article.

En outre, le fournisseur est tenu de servir le corps mobilisé (51ᵉ et 251ᵉ) quel qu'en soit l'effectif et de continuer le marché avec le corps territorial, qui, en temps de guerre, et pendant la durée dudit marché, viendra se mobiliser dans la place où se trouvait le corps actif, sauf toutefois une augmentation de 10 p. 100 sur le prix du marché à allouer du deuxième au vingtième jour de la mobilisation.

Dans le cas où l'ordre de mobilisation serait donné dans le dernier mois du marché, ce dernier sera de plein droit prorogé d'un mois.

Cautionnement.

Art. 11. Pour sûreté et garantie de l'exécution de ses obligations, l'entrepreneur est tenu de verser entre les mains du trésorier du corps un cautionnement en numéraire de 6,200 francs.

Ce cautionnement, réalisé dans les dix jours qui suivent l'approbation du marché par le chef de corps, est conservé dans les caisses du corps (*fonds divers*) et il est restitué au fournisseur sur l'ordre du chef de corps, quinze jours au plus tôt après l'expiration définitive du marché.

Dans les cas prévus à l'article 10 qui précède, ce cautionnement est versé par le corps partant, à la Caisse du corps arrivant ou dans celle du corps territorial, ou, en cas d'impossibilité, à la Caisse des dépôts et consignations.

Dispositions diverses.

Art. 12. L'entrepreneur est soumis à toutes les dispositions du règlement sur les ordinaires qui peuvent le concerner. Les contestations qui peuvent s'élever sur l'exécution du service ou sur l'interprétation des clauses du cahier des charges sont de la compétence des tribunaux ordinaires.

Date de l'adjudication.

ART. 13. La fourniture de la viande sera adjugée sur soumission établie sur papier libre et cachetée, au rabais, le 22 novembre 1897, à 2 heures du soir, à la salle des rapports, à la caserne Watrin, par M. le chef de bataillon, président de la Commission des ordinaires, assisté des membres de ladite Commission.

Pièces à produire.

ART. 14. Les personnes qui désireraient faire cette fourniture sont tenues de produire sur papier libre une soumission cachetée et d'y annexer leurs patentes de l'année courante, un certificat du maire de leur commune constatant leur moralité ainsi que leur qualité de Français.

Chaque pli devra contenir, sous peine d'exclusion, deux enveloppes dis-tinctes renfermant, l'une, la soumission seule; l'autre, les pièces justifica-tives avec indication, sur chaque enveloppe, de son contenu.

Remise des soumissions.

ART. 15. Les soumissions seront remises entre les mains du président de la Commission des ordinaires, à l'heure fixée pour l'ouverture de la séance.

Ne seront admises à soumissionner que les personnes d'une honorabilité notoire et reconnues capables de faire des fournitures. Le président se réserve d'exclure tout soumissionnaire qui, antérieurement, aurait eu des difficultés de quelque nature que ce soit avec le régiment, ou qui n'aurait pas tenu les engagements imposés par le cahier des charges.

Les soumissions seront conformes au modèle annexé au présent. A partir du moment de la remise des soumissions entre les mains du président de la Commission, il ne pourra plus y être apporté de modifications.

Sera considérée comme nulle et mise de côté, sans qu'il en soit donné lecture, toute soumission dont l'enveloppe et la fermeture ne seraient pas parfaitement intactes.

ART. 16. Les soumissions seront ouvertes publiquement. En cas d'égalité de prix, il sera procédé séance tenante, entre les soumissionnaires con-currents seulement, par voie de soumission, à un nouveau concours, et l'adjudication sera prononcée au profit de celui qui offrira au corps le plus d'avantages.

Si, à cette deuxième épreuve, il y a encore égalité de prix ou que les moins-disant aient refusé de faire de nouvelles offres, on procédera alors par voie de tirage au sort entre les moins-disant.

Prononcé d'adjudication.

Art. 17. L'adjudication sera prononcée au profit du soumissionnaire qui aura fait l'offre la plus avantageuse se rapportant à 14 distributions se décomposant comme suit :

    12 de bœuf, vache ou taureau, dans la proportion indiquée à l'article 2.

    1 de mouton.

    1 de veau,

indépendamment du prix des abats blanchis.

Approbation du marché.

Art. 18. L'adjudication ne sera définitive qu'après avoir reçu l'approbation du chef de corps.

Fait à Beauvais, le 7 novembre 1897.

Les Membres de la Commission :

BOURGEOIS, THIÉBAUT, DE BEAUCOURT, GAUGUÉ.

Le Chef de Bataillon, Président,

A. BAUZON.

Vu et approuvé :

Le Colonel,

DE LACHAISE.

Modèle N° 1.

SOUMISSION

sur papier libre et sous pli cacheté.

Je soussigné (*nom, prénoms, profession, demeure*), après avoir pris connaissance du cahier des charges relatif à la fourniture de la viande fraîche à faire pour le service des ordinaires du 51ᵉ régiment d'infanterie, à Beauvais (Oise), pendant le 1ᵉʳ semestre de 1898, me soumets et m'engage, envers la Commission des ordinaires dudit régiment, à faire la fourniture de la viande fraîche dans les conditions exprimées dans le cahier des charges en date du 7 novembre 1897, auquel je m'engage à me conformer, strictement et sans réserve, au prix ci-dessous :

1° Bœuf, vache ou taureau, à   le kilogr., soit 12 kilogr. =
2° Mouton, à   le kilogr., soit 1 kilogr. =
3° Veau, à   le kilogr., soit 1 kilogr. =

Prix total des 14 distributions =

4° Prix du kilogramme d'abats blanchis :

Fait à Beauvais, le   18 .

MODÈLE N° 2.

MARCHÉ

passé à la suite d'un concours, conformément aux dispositions
de l'article 17 du Règlement des ordinaires.

Je soussigné (*nom et prénoms*), demeurant à   , rue   , n°   , où je fais élection de domicile pour l'exécution du présent marché, m'engage envers la Commission des ordinaires du 51e régiment d'infanterie, à effectuer le service déterminé par le cahier des charges qui précède, dans la place de Beauvais, et depuis le 1er   189   jusqu'au   189   inclus, avec faculté, pour le corps seulement, de proroger le marché de deux périodes de quinze jours chacune au plus, en prévenant chaque fois huit jours à l'avance, sans préjudice des dispositions de l'article 10 dudit cahier des charges.

Je m'engage à effectuer les livraisons en quartiers entiers, dans le local de boucherie établie à la caserne.

Je me réserve de prélever à mon profit, avant toute distribution, le filet, les aloyaux, la langue et les rognons de tous les bœufs, taureaux et vaches, et les gigots et rognons des moutons et brebis.

Les fournitures faites seront payées de :

> Le kilogramme de bœuf, vache ou taureau.
> Le kilogramme de mouton.
> Le kilogramme de veau.
> Le kilogramme d'abats blanchis.

Je me soumets à toutes les clauses du cahier des charges susmentionné, ainsi qu'aux dispositions du règlement sur les ordinaires qui peuvent me concerner, clauses et dispositions dont je déclare avoir pris pleine et entière connaissance.

Le présent marché ne sera définitif et exécutoire qu'après l'approbation du chef de corps.

Fait en double à   , le   189   .

L'Entrepreneur.

Les Membres de la Commission,

Le Président de la Commission des ordinaires,

APPROUVÉ :

Le Colonel,

ANNEXE IV

51ᵉ Régiment d'infanterie.

COMMISSION DES ORDINAIRES

CAHIER DES CHARGES

POUR L'ADJUDICATION

DES DIVERSES DENRÉES D'ÉPICERIE, DE CHARCUTERIE, DE LÉGUMES FRAIS ET DE PAIN DE SOUPE

nécessaires au 51ᶜ Régiment d'infanterie pendant l'année 1898.

Objet du service.

Art. 1ᵉʳ. Le service consiste à fournir les denrées d'épicerie, de charcuterie, de légumes frais et de pain de soupe nécessaires au 51ᵉ régiment d'infanterie et aux régiments de réserve ou territorial pendant les périodes de convocation.

Cas de mobilisation ou de changement de garnison.

Art. 2. En cas de mobilisation, les fournisseurs s'engagent à fournir les corps mobilisés, énoncés à l'article 1ᵉʳ, quels que soient leurs besoins, et à continuer le marché avec le corps territorial qui, en temps de guerre et pendant la durée dudit marché, viendra se mobiliser dans la place de Beauvais, sauf toutefois une augmentation de 15 p. 100 au maximum sur le prix du marché à allouer du deuxième au vingtième jour de la mobilisation.

Si l'ordre de mobilisation est donné dans le dernier mois du marché, le marché sera de plein droit prorogé d'un mois.

Le marché est résilié de plein droit si le corps reçoit une autre destination.

Date de l'adjudication.

Art. 3. Les diverses denrées nécessaires aux ordinaires seront adjugées par lots sur soumission cachetée et non timbrée, au rabais, le 7 décembre

1897, à 12 h. 1/2 du soir, en la salle des rapports de la caserne Watrin, à Beauvais (Oise), par le chef de bataillon, président de la Commission des ordinaires, assisté des membres de ladite Commission.

Pièces à produire.

Art. 4. Les personnes qui désireraient faire tout ou partie des fournitures indiquées dans l'affichage seront tenues de faire connaître, avant le 3 décembre, l'intention de soumissionner en produisant ou en envoyant leur patente de l'année courante et un certificat du maire de leur commune constatant leur moralité, ainsi que leur qualité de Français à M. le chef de bataillon, président de la Commission des ordinaires.

Cas d'exclusion.

Art. 5. Quand il existe des motifs d'exclusion à l'égard d'un candidat, avis lui sera donné que ses offres ne seront pas admises. 24 heures au moins avant le jour fixé pour l'adjudication.

Ne seront admises à soumissionner que les personnes d'une honorabilité notoire et reconnues capables de faire des fournitures.

Remise des soumissions.

Art. 6. Les soumissions devront être strictement conformes au modèle annexé au présent et remises sous pli cacheté entre les mains du président de la Commission dès l'ouverture de la séance d'adjudication. Les soumissionnaires étrangers à Beauvais peuvent envoyer leurs soumissions cachetées dans l'enveloppe contenant les pièces justificatives de l'article 4.

Chaque enveloppe renfermant les soumissions devra mentionner : le nom de soumissionnaires et le numéro des lots, objets de la soumission.

A partir du moment de la remise des soumissions, il ne pourra plus y être apporté de modifications.

Les soumissions seront ouvertes publiquement.

Toutes les communications seront faites à haute voix, en présence de tous les candidats réunis, jusqu'au prononcé inclusivement du résultat de l'adjudication.

Suppression des fractions de centimes.

Art. 7. Toute fraction de centimes sera retranchée.

Toute soumission extra-conditionnelle sera considérée comme nulle.

Prononcé de l'adjudication ou remise en nouvelle adjudication.

Art. 8. L'adjudication sera prononcée au profit du soumissionnaire qui aura fait l'offre la plus avantageuse.

Si, après le dépouillement des soumissions déposées, il ne s'en trouvait aucune d'acceptable, il serait procédé séance tenante, à un nouveau concours entre les soumissionnaires concurrents qui, pour cet effet, seront admis à proposer par écrit des rabais sur leur première soumission.

En cas d'égalité de prix entre plusieurs soumissionnaires, la Commission, sur les nouvelles offres qui lui sont faites, adjugera la fourniture à celui sera descendu au prix le plus bas.

Si, à cette seconde épreuve, il y a encore égalité de prix, ou que les moins-disant aient refusé de faire de nouvelles offres, la Commission se réserve le droit de traiter de gré à gré ou de tirer au sort les moins-disant.

Qualité des objets et livraison.

ART. 9. Tous les objets à fournir seront de bonne qualité loyale et marchande, à dire d'experts et conformes aux échantillons choisis et désignés par la commission.

Les livraisons auront lieu au fur et à mesure des besoins et, pour les denrées susceptibles d'être conservées, ordinairement chaque mois, sauf les conditions particulières énoncées dans les conditions propres à chaque lot.

Réserves sur les livraisons.

ART. 10. Les quantités indiquées dans chaque lot ne sont qu'une prévision pour toute l'année 1898 basée sur les besoins présumés, atteints pendant les dix premiers mois de l'année 1897. La Commission des ordinaires se réserve le droit de prendre en plus ou en moins les quantités nécessaires pour les besoins réel du service.

Le fournisseur, dans tous les cas, ne sera payé que pour les quantités demandées et réellement fournies, sans qu'il puisse réclamer d'indemnité pour quantités fournies en plus ou en moins.

Transports au compte des adjudicataires.

ART. 11. Toutes les fournitures seront amenées, livrées et rentrées dans les magasins de la Commission, caserne Watrin, aux frais, risques et périls et par les soins des fournisseurs, aux jours indiqués par le président de la Commission des ordinaires, sauf stipulation contraire dans la soumission.

Réception des fournitures. — Cas de difficultés.

Art. 12. La réception est opérée par un officier délégué de la Commission des ordinaires. En cas de contestation, cet officier avise le président de la Commission, qui convoque cette commission. Réunie, conformément aux dispositions de l'article 12 du règlement sur les ordinaires, ladite Commission statue sans intervention d'expert.

La décision est immédiatement exécutoire. Les quantités rejetées sont aussitôt remplacées par les soins du fournisseur. Si le fournisseur n'est pas en mesure de livrer sur-le-champ les quantités nécessaires ou s'il présente à nouveau des denrées inacceptables, la Commission des ordinaires pourvoit à la fourniture de la manière qu'elle juge convenable et aux risques et périls du soumissionnaire.

Abandon ou exécution défectueuse du service.

Art. 13. Si le service vient à être abandonné ou s'il est exécuté avec un esprit de fraude ou de mauvaise foi qui se manifeste par des tentatives répétées pour faire admettre une fourniture de mauvaise qualité non conforme aux échantillons, la Commission des ordinaires, après en avoir obtenu l'autorisation du chef de corps, peut prononcer la résiliation pure et simple du marché, aux risques et périls du fournisseur évincé, en traitant par défaut au moyen d'un concours ou par toute autre voie qu'elle juge convenable.

L'excédent de dépense pouvant résulter d'un marché ainsi passé par défaut, ou des achats qui auraient été faits dans la circonstance prévue par le dernier alinéa de l'article 13 qui précède, reste à la charge du fournisseur évincé. S'il y a économie, elle profite aux ordinaires du corps.

Cas de mort ou de faillite.

Art. 14. En cas de mort ou de faillite du fournisseur, le marché est résilié purement et simplement.

Toutefois, sur la proposition de la Commission des ordinaires, le chef de corps peut autoriser les créanciers ou les héritiers à continuer la fourniture pour leur compte, s'ils en font la demande.

Droits de toute nature et dépenses à la charge du fournisseur.

Art. 15. Les droits de toute nature établis ou à établir sur les diverses denrées énumérées au présent marché (*transports, octrois, douanes*, etc.), demeureront à la charge des fournisseurs.

Sont à la charge de l'adjudicataire :

1° Les frais quelconques se rattachant à l'exécution du service ou que peut entraîner la passation du marché ;

2° Le montant des dégradations ou des parties provenant de son fait, sur les ustensiles et objets mobiliers qui ont été mis à sa disposition pour le service.

Cautionnement.

Art. 16. Chaque soumissionnaire déclaré adjudicataire devra verser entre les mains du trésorier du corps un cautionnement en numéraire dont l'importance est fixée par le chef de corps sur la proposition de la Commission des ordinaires, mais sans que cette importance puisse excéder le dixième du montant présumé de la fourniture.

Pour les lots dont le montant est inférieur à 1000 francs, le cautionnement est invariablement fixé à 100 francs et à 50 francs pour ceux dont le montant est inférieur à 500 francs.

Ce cautionnement, réalisé dans les dix jours qui suivent l'approbation du marché par le chef de corps, est conservé dans les caisses du corps (*Fonds divers*) et il est restitué au fournisseur sur l'ordre du chef de corps, quinze jours au plus tôt après l'expiration définitive du marché.

Dans les cas prévus à l'article 2, il est versé par le corps partant dans la caisse du corps territorial ou en cas d'impossibilité à la Caisse des dépôts et consignations.

Payement.

Art. 17. L'adjudicataire est payé de ses fournitures le 5 de chaque mois, chez le capitaine trésorier, sur factures acquittées, traites, etc., sauf stipulation contraire énoncée dans chaque lot.

Il est tenu de se présenter en personne au capitaine trésorier ou de faire prendre les sommes lui revenant par un fondé de pouvoir dûment autorisé.

Dispositions diverses.

Art. 18. Le soumissionnaire est soumis à toutes les dispositions du règlement sur les ordinaires qui peuvent le concerner. Les contestations qui peuvent s'élever sur l'exécution du service ou sur l'interprétation des clauses du cahier des charges, sont de la compétence des tribunaux ordinaires.

Adjudication définitive.

Art. 19. L'adjudication ne sera définitive qu'après l'approbation du chef de corps.

L'adjudicataire se trouve lié envers le corps à partir du jour de l'adjudication. Les fournitures ne commenceront qu'à partir du 1er janvier 1898.

Exigence pour la représentation.

Art. 20. Les adjudicataires qui ne résident pas à Beauvais devront y avoir un représentant connu et agréé de la Commission des ordinaires, dont le nom et la demeure seront indiqués dans la soumission, et auquel le président de la Commission pourra faire telle demande relative aux besoins du service.

MODÈLE N° 1.

SOUMISSION

(sur papier libre).

Je soussigné *(nom, prénoms, profession, demeure)*, après avoir pris connaissance du cahier des charges relatif à la fourniture des divers objets détaillés dans l'affiche du   189 , à faire pour le service des ordinaires du 51e régiment d'infanterie, à Beauvais (Oise), pendant l'année 189 , me soumets et m'engage envers la Commission des ordinaires dudit régiment, à faire la fourniture des objets composant le lot n°   dans les conditions exprimées dans le cahier des charges auquel je m'oblige à me conformer strictement et sans réserve, au prix total de (1).

1° (2)	à	
2°	à	
3°	à	
4°	à	
5°	à	
6°	à	
7°	à	
8°	à	
9°	à	
10°	à	

TOTAL . . . . .

Fait à Beauvais, le   189 .

Signé :

---

(1) Indiquer en toutes lettres le prix total du lot.

(2) Indiquer en chiffres le prix d'unité pour chacun des articles composant le lot et totaliser.

MODÈLE N° 2.

MARCHÉ

passé à la suite d'un concours, conformément aux dispositions de l'article 17 du Règlement sur les ordinaires.

Je soussigné
demeurant à   , rue   , n°
où je fais élection de domicile pour l'exécution du présent marché, m'engage envers la Commission des ordinaires du 51ᵉ régiment d'infanterie, à effectuer le service déterminé par le cahier des charges qui précède, dans la place de Beauvais et depuis le 1ᵉʳ   inclus, avec faculté, pour le corps seulement, de proroger le marché d'une période d'un mois au plus, en prévenant chaque fois huit jours à l'avance, sans préjudice des dispositions de l'article 10 dudit cahier des charges.

Je m'engage à effectuer les livraisons des lots suivants :

      Lot n° (1)
      Lot n°
      Lot n°
      Lot n°

Les fournitures faites seront payées aux prix suivants :

Je me soumets à toutes les clauses du cahier des charges susmentionné, ainsi qu'aux dispositions du règlement sur les ordinaires qui peuvent me concerner ; clauses et dispositions dont je déclare avoir pris pleine et entière connaissance.

Le présent marché ne sera définitif qu'après l'approbation du chef de corps.

Fait en double à   , le   189 .

L'Entrepreneur,

Les Membres de la Commission :

Le Président de la Commission des ordinaires,

APPROUVÉ :

    Le Colonel,

---

(1) Insérer le détail.

7

LOTS

CONDITIONS QUE DOIVENT RÉALISER LES LOTS

COMPOSITION DES LOTS

LOT Nᵒ 1. — Saindoux : 15,000 kilogrammes.

Le saindoux sera de première qualité, blanc, garanti pur (à l'exclusion complète des saindoux dits d'Amérique) et provenir des marques, par préférence : *Étoile* de J. Crozet, *Diadème* de Pellerin, L. B. C. de Bernheim.

La livraison aura lieu en tierçons, environ 6 tierçons par mois.

L'adjudicataire sera astreint d'entretenir un approvisionnement de 592 kilogrammes de saindoux nécessaires en cas de mobilisation. Cette denrée sera entretenue en bon état et renouvelée par les soins de l'adjudicataire, lorsqu'il y aura lieu. Il sera payé pour frais d'entretien, de déchets et d'immobilisation du capital, une indemnité de 2 p. 100 par an, laquelle sera calculée d'après la quantité à entretenir. L'administration militaire aura le droit de résilier à toute époque de l'année la présente clause en prévenant trois mois à l'avance.

En outre, l'adjudicataire reprendra ses fûts vides contre remboursement dont il fera mention dans sa soumission.

LOT Nᵒ 2. — Sel gris : 15,000 kilogrammes.

Le sel de cuisine devra être du sel marin, en cristaux gris, lavé, exempt d'humidité, non mélangé de terre ou de poussière étrangère. Le sel sera livré à la Commission au fur et à mesure des besoins, sur la demande du secrétaire de la Commission des ordinaires, par sacs entiers.

Les sacs resteront la propriété de la Commission.

Lot Nᵒ 3. — Épices.

Poivre	250 kilogrammes.
Thym	100 —

Laurier.. 100 kilogrammes.
Boules d'oignons.................................. 100   --
Cornichons 500   ...
Moutarde 200   —
Ail... 100   —

Tous les articles ci-contre devront être de première qualité.

Le poivre devra être de bonne qualité en grains entiers, bien nets, sec, exempt de poussière, de pierres et de tout autre grain. Le poivre sera livré au fur et à mesure des besoins et sur la demande du secrétaire de la Commission, en sac de 55 kilogrammes. Les sacs restent la propriété de la Commission. Marque : *Tellichéry*.

LOT N° 4. — Légumes secs.

Haricots demi-larges..................... 19.000 kilogrammes.
Pois cassés (O)........................... 8.000   —
Lentilles (OOO).......................... 10.000   ...

Les légumes secs devront être *de l'année*, avoir l'aspect luisant, couler facilement, se couper sous la dent, avoir un bon goût et une bonne odeur. L'adjudicataire en garantit la cuisson ; ils seront livrés par sac de 100 kilogrammes au fur et à mesure des besoins et sur la demande du secrétaire de la Commission. Les sacs sont abandonnés à la Commission. L'adjudicataire est astreint à entretenir un approvisionnement de 240 kilogrammes de haricots, nécessaire en cas de mobilisation.

Cette denrée sera entretenue en bon état et renouvelée par les soins de l'adjudicataire, lorsqu'il y aura lieu. Il sera payé pour frais d'entretien, de déchets et d'immobilisation de capital une indemnité de 2 p. 100 par an, laquelle sera calculée d'après la quantité à entretenir. L'administration militaire aura le droit de résilier à toute époque de l'année la présente clause en prévenant trois mois à l'avance.

LOT N° 5. — Riz : 300 kilogrammes.

Le riz, de provenance Java, sera de la première qualité, blanc, translucide, grain allongé, anguleux. Il ne devra avoir aucune odeur, il sera conforme à l'échantillon fourni par la Commission, livrable au fur et à mesure des besoins et sur la demande du secrétaire de la Commission.

Les sacs restent la propriété de la Commission.

L'adjudicataire est astreint à entretenir un approvisionnement de 120 kilogrammes de riz nécessaires en cas de mobilisation.

Cette denrée sera entretenue en bon état et renouvelée par les soin de l'adjudicataire lorsqu'il y aura lieu. Il sera payé pour frais d'entretien, de déchets et d'immobilisation de capital une indemnité de 2 p. 100 par an, laquelle sera calculée d'après la quantité à entretenir. L'administration militaire aura le droit de résilier à toute époque de l'année la présente clause en prévenant trois mois à l'avance.

LOT N° 6. — Pâtes alimentaires.

Macaroni	4.000	kilogrammes.
Nouilles	1.600	—
Vermicelle	1.200	—
Pâtes d'Italie	700	—
Tapioca	1.000	—

Le macaroni ainsi que les nouilles pourront provenir des brisures et le vermicelle pourra être régulier.

Ces denrées doivent être de bonne qualité, c'est-à-dire conserver leur consistance, ne pas fondre à la cuisson.

LOT N° 7. — Huile de sézame : 27 hectolitres.

Doit être de qualité extra, d'un goût agréable, sans dépôt, et provenir des premières marques et de la qualité dite *Crème de Jaffa*.

L'adjudicataire sera tenu de reprendre ses fûts, mention du prix en sera faite dans la soumission.

LOT N° 8. — Vinaigre : 24 hectolitres.

Le vinaigre devra être *vinaigre pur vin*. Il sera livré en bordelaise à la Commission au fur et à mesure des besoins et sur la demande du secrétaire de la Commission des ordinaires.

Le rachat des fûts vides repris par l'adjudicataire sera mentionné à la soumission.

LOT N° 9. — Pétrole : 150 hectolitres.

Le pétrole doit être bien distillé, ne pas être mélangé de schiste, et peser environ 800 grammes. Il doit provenir des meilleures marques : *Fenaille et Despeaux, Paul Paix, Lille et Bonnières*, etc.

Le prix sera basé sur le cours par wagon complet. La livraison aura lieu par fûts de 150 kilogrammes.

L'adjudicataire sera astreint à reprendre ses fûts vides contre remboursement, dont il sera fait mention à la soumission.

LOT N° 10. — Balais et brosserie.

Balais de bruyère	2.600
Balais paille de riz Syrien emmanchés	800
Lave-ponts en chiendent 27/7 FF	500
Balai coco 20/6	200
Brosses à parquet sciées 14/7 FFF	100
Manches à balais épointés en bois blanc, long^r 1^m,10	100
Manches en frêne	100
Brosses en chiendent forme violon, 7 pouces 1/2	400

Toutes les brosses et balais faisant partie du lot ci-contre doivent être établis en matières de premier choix.

La fabrication devra en être très soignée, ne rien laisser à désirer. Ils seront livrés au fur et à mesure des besoins et par douzaines.

LOT N° 11. — Savon blanc de Marseille : 4.500 kilogrammes.

Doit être bien blanc, comprendre 60 à 70 p. 100 d'huile, complètement soluble dans l'eau et n'avoir aucune mauvaise odeur. Il doit provenir des meilleures marques : *La Grappe de Raisin*, *La Bonne Mère*, *Le Lilas*, *Le Clocher ;* le savon sera livré par morceaux de 200 grammes et par caisses de 100 morceaux.

LOT N° 12. — Cirages et bougies.

Cirage Jacquand	400 kilogrammes.
Cirage Demeyer	200 —
Cirage Paulin	600 —
Bougies	150 paquets.

Se conformer strictement aux marques ci-contre : *Société des Cirages Français, Maître Jacquand, Paulin de Saint-Claude, Demeyer.*

Tous ces cirages devront être livrés en boîtes de 250 grammes.

Les bougies devront être bien blanches et de très bonne qualité : *Salon* ou *Moulin à Vent.*

LOT N° 13. — Sabots-galoches : 300.

Les sabots-galoches doivent être de bonne qualité, la semelle en frêne bien sec.

La livraison aura lieu mensuellement suivant les besoins.

LOT N° 14. — Ingrédients de propreté.

Cire jaune	80 kilogrammes.
Sel de soude	1.800 —
Tripoli	50 —
Essence de térébenthine	50 litres.
Alcali	50 litres.
Blanc de guêtres	1.000 morceaux.
Mine de plomb	400 paquets de 50.

La cire jaune pour parquet devra provenir des résidus de miel et être exempte de matières étrangères ; elle sera livrée en briques de 2 kilogrammes environ et au fur et à mesure des besoins.

Le sel de soude devra provenir des manufactures de Saint-Gobain ou Solvay et Cⁱᵉ ; il sera livré en vrac et au fur et à mesure des besoins.

Tous les articles mentionnés ci-dessus devront être de première qualité et provenir des meilleures marques.

LOT N° 15. — Choucroute : 25 barils ; Saucisses : 500 douzaines.

La choucroute devra provenir de l'Est et les saucisses devront être dites de Strasbourg. La choucroute sera livrée par barils de 100 kilogrammes.

Les saucisses seront livrées par 50 douzaines. *Poids minimum de la douzaine de saucisses : 700 grammes.*

LOT N° 16. — Morue : 1000 kilogrammes.

La morue devra être de bonne qualité, très blanche, non lavée et de moyenne taille.

Elle sera livrée en barils de 100 kilogrammes au fur et à mesure des besoins.

LOT N° 17. — Assiettes : 2.500 ; Cruches : 150.

Les assiettes seront en porcelaines opaque de premier choix, sans défectuosités et de forme dite calotte.

Les cruches pourront être dites de rebut. Il en sera fait mention dans la soumission.

LOT N° 18. — Mèches : 12 kilogrammes et Verres de lampes : 300 (Universels, 50 ; Ordinaires. 250).

La mèche est celle dite *Allemande.*

Les verres ne devront présenter aucune défectuosité.

LOT N° 19. — Charcuterie.

Porc frais	7.200	kilogrammes.
Boudin	2.700	—
Saucisses ordinaires	2.700	—
Andouilles de campagne	900	—
Fromages d'Italie	800	—
Cervelas (poids minimum de la douzaine : 1 kilogramme)	180	douzaines.
Chair à saucisses	600	kilogrammes.
Lard de poitrine	1.500	—
Tête de porc	600	—

L'adjudicataire sera prévenu 48 heures à l'avance des fournitures à assurer.

Toutes les denrées devront être de premier choix ; il ne sera pas exigé de l'adjudicataire une fourniture journalière supérieure à celle nécessaire pour un repas à cinq compagnies : deux repas de boudin, deux de saucisses et un de porc frais.

Les livraisons auront lieu une fois par jour à la caserne Watrin, à l'heure fixée par le colonel.

Le payement aura lieu tous les prêts.

LOT N° 20. — Légumes frais.

Pommes de terre	307.000	kilogrammes.
Choux	30.000	—
Oignons	20.000	—
Carottes	40.000	—
Poireaux	3.000	—
Navets	1.500	—

Les pommes de terre devront être fermes, de couleurs homogène, avec la pellicule d'enveloppe lisse et sans odeur. A la coupe, les pommes de terre devront présenter une teinte uniforme.

Les pommes de terre devront provenir des espèces dites : Magnum bonum, Institut de Beauvais, Early Rose, Boules farineuses de l'Oise, Imperator. Les pommes de terre dites Chardonne sont formellement exclues ainsi que celles des espèces ci-dessus ayant moins de trois centimètres de diamètre. A partir du 1er juillet, l'adjudicataire sera astreint à ne plus fournir qu'en pommes de terre nouvelles.

Les choux devront être fermes, bien pommés et de grosseur moyenne.

Les carottes devront provenir des espèces dites ménagères.

Les oignons, les poireaux et les navets devront être de bonne qualité marchande.

Tous les légumes seront apportés à la caserne par le fournisseur dans le local affecté à cet usage et distribués une fois par jour à l'heure fixée par le colonel.

LOT N° 21. — Pain de soupe : 48,000 kilogrammes ; Farine : 2,000 kilogrammes.

Le pain de soupe devra être de première qualité ; il devra affecter une forme longue, être fendu par le milieu dans le sens de la longueur et ne jamais dépasser 2 kilogrammes. La cuisson du pain devra être très complète. La mie et la croûte devront présenter les caractères suivants : *mie* très ouverte, sèche, légère, élastique, ne s'égrenant pas, trempant bien dans la soupe ; *croûte supérieure* adhérente à la mie, lisse, fine, d'une couleur franche, tirant sur le jaune foncé, sans soufflures, ni éclatements, ni crevasses ; *croûte inférieure* : brune, bien formée, mais n'ayant pas plus de 4 millimètres d'épaisseur.

L'odeur du pain devra être douce et balsamique, son goût parfait, sa saveur agréable et son aspect appétissant. Le pain sera distribué *rassis* de 24 heures. Le prix du pain sera au rabais au-dessous du cours de la taxe officielle.

La farine devra provenir de blé tendre, être sèche, douce, avoir du corps et être fleurante. Au frottement, elle doit avoir de la finesse et du moelleux. Elle devra être de couleur blanche, de bon goût, d'odorat nul ou franc.

L'adjudicataire sera prévenu 48 heures à l'avance des fournitures à assurer.

Les livraisons auront lieu une fois par jour à la caserne Watrin, à l'heure fixée par le colonel.

Le payement aura lieu tous les prêts.

Beauvais, le 19 novembre 1897.

Les Membres de la Commission des ordinaires,

Signé : BOURGEOIS, THIÉBAUT, DE BEAUCOURT, GAUGUÉ.

Le Chef de bataillon, Président,

Signé : A. BAUZON.

Vu et approuvé :

Le Colonel,

DE LACHAISE.

TABLE DES MATIÈRES

CHAPITRE PREMIER
DE L'ALIMENTATION EN GÉNÉRAL

CHAPITRE II
SYSTÈME D'ALIMENTATION VARIÉE

CHAPITRE III
PRATIQUE DE L'ALIMENTATION VARIÉE

Paris. — Imprimerie R. CHAPELOT et Cᵉ, 2, rue Christine.

A LA MÊME LIBRAIRIE

Aide-Mémoire de l'officier d'état-major en campagne, 4ᵉ *édition* officielle. Paris, 1899, 1 vol. in-12 avec figures et tableaux dans le texte, cartonné toile anglaise .... **4 fr.**

Manuel de législation, d'administration et de comptabilité militaires, à l'usage des officiers et des sous-officiers de toutes armes; par le lieutenant-colonel L. **Beaugé**, commandant de recrutement. 10ᵉ *édition, complètement refondue et mise à jour*. Paris, 1896, 2 forts vol. in-12 .... **14 fr.**

Manuel d'administration à l'usage des **officiers chargés des détails dans un détachement.** Paris, 1899, 1 vol. in-12 cartonné ...., **1 fr. 25**

Aide-mémoire des officiers des corps de troupe et du service du recrutement **pour les inscriptions à faire sur les registres matricules et les livrets**, d'après les documents officiels; par L. **Gueudet**, capitaine au recrutement de Châlons-sur-Marne. Paris, 1896, 1 vol. in-8 .... **2 fr. 50**

Règlement du 22 août 1890 sur le **service des subsistances militaires et du chauffage** en temps de guerre. Paris, 1890, 1 vol. in-8 .... **3 fr. 75**

Décret du 15 janvier 1890, portant règlement sur le **service du chauffage** dans les corps de troupe, précédé du rapport au Président de la République. Edition mise à jour jusqu'au 1ᵉʳ juin 1899. Paris, 1899, in-8 .... **1 fr.**

Principales dispositions concernant l'**alimentation des troupes en temps de guerre** (11 janvier 1893). Paris, 1894, broch. in-8 .... **50 c.**

Règlement du 23 octobre 1887 sur la **gestion des ordinaires de la troupe,** précédé d'un rapport au Président de la République, suivi des prescriptions relatives à la fourniture de la viande fraîche aux ordinaires de la troupe. Edition complétée et mise à jour. Paris, 1896, broch. in-8 .... **1 fr. 25**

Manuel du caporal d'ordinaire et du cuisinier de compagnie, rédigé conformément aux instructions ministérielles, par Ch.-G. **Treille**, lieutenant d'infanterie. Paris, 1891, in-12 cartonné .... **80 c.**

Manuel complet de l'officier d'approvisionnement; par E. **Haricot**, lieutenant au 132ᵉ régiment d'infanterie. Paris, 1891, 1 vol. in-8 .... **5 fr.**

Paris. — Imprimerie R. CHAPELOT et Cᵉ, 2, rue Christine.